好
good
的
Publish

好
good
的
Publish

為的作用，來塑造一個實際的自我。也就是說，當你認定自己是個怎樣的人的時候，你的行為表現也會傾向於你認為的那個自己。

現在，你已經長大，有必要重新審視自己究竟是一個怎樣的人，怎樣才能擺脫煩惱，過得舒心，稱心。你愛發脾氣是因為你性格使然，無法改變嗎？你之所以逃避是因為你得了選擇困難症嗎？你為什麼愛得傷痕累累卻總是放不了手？在生活中你為什麼總是扮演受害者？

你之所以有這麼多煩惱，可能是因為你對自己有些誤會——大將軍郭發現了問題所在。澄清誤會，給自己一個更恰當的評價，然後改變不滿現狀，過快樂生活——我想應該是你讀這本書後最大的收穫。

大將軍郭捨棄冷冰冰的專業術語，剖析日常平實案例，以犀利、一針見血的口吻，教你勇敢認識自己，改變自己。很多人對現狀不滿，或許連他們自己也分不清到底是潛意識中不想改變，還是不知道如何改變。對於前者，她在書中為你剖析原因；對於後者，她給出了具體的自我優化方法。你將從一個新的角度來看待自己。

你到底是一個怎樣的人，遇到了怎樣的問題，聽聽大將軍郭怎麼說吧。

前言

為什麼我會這樣？我該怎麼辦？

以前我翻來覆去做同一個夢，夢裡我是鐵馬金戈的帶兵將軍，指揮著萬馬千軍，殺敵無數。我嚮往夢中的生活，駿馬一匹，盔甲護身，長刀短劍，旌旗獵獵，收復城池，擴展疆土。

然而，這注定實現不了。好長時間我也沒琢磨明白，這個夢跟現實生活有什麼特別的聯繫。

朝九晚六的現代生活中，我是一名心理諮詢師。從研究生階段至今的八年，我接觸個案數百，遇到形形色色的人，我在安靜的諮詢室裡，傾聽他們的人生。我見過癲狂，聞過悲傷，手裡的紙巾沾染過他們的淚水，我能做的就是盡我所能讓他們走出頭頂籠罩的烏雲，重見晴天。

有時想起找我諮詢的人們，腦海裡總會出現被提及頻率最高的兩個問題：「為這是我在諮詢室以外能做的最好的事，把真實的心路歷程變成文字，願它們成為你的鎧甲，保你周全，也願它們變成你的武器，幫你照見自己。

畢竟，這一生沒有什麼比了解自己更重要的事了。唯有一個通暢無礙的自我，才能撫平內心的褶皺，翻越生活的溝壑。

幾個月後，出軌男友可能會離你而去；夏天到了，你還擁有肥碩的肚子；一年之後薪資還是沒有漲一毛錢……，到那時你不僅痛苦，還會遺憾曾經錯過了屬於自己的主動權。

我們都曾在時光已逝的時候慨嘆上那麼一句：如果當初我如何如何就好了。但是當初已無法回去。**此時此刻，你就活在這個「當初」裡。此時此刻，你就是那個可以改寫結局的自己。**

哪怕再不捨、再痛苦，你也要勇敢一點、對自己狠一點，做出正確的選擇，熬過最初的痛苦期，你將會有新的收穫。

說不定更適合你的人就在前方等著；說不定減肥成功後你就能獨領風騷好多個夏天；說不定告別錯的工作就會遇到對的那一個。如果現在不決定那麼做，你反而會錯失更多可能。

當然，也有人明明知道答案卻依舊不行動，是因為還僥倖期盼會有那麼一絲希望、一次轉機。可就像一檔股票的K線圖已經告訴你它在走低，你為何非要傾家蕩產繼續加碼呢？明明已經發現事情發展的脈絡趨勢，為何還要等待機率微乎其微的奇蹟發生呢？

你期盼的事情，如果真的會發生，早就發生了。

當一切都沒有如願，你就承認吧，你就回頭是岸吧。

人生如寄，有些事忍忍就過去，有些事卻會讓你在忍耐時流失了很多珍貴的可能，縱容自己的今天，就是懲罰明天的自己。知道答案還不行動，交出白卷，不及格、得零分、留級的都將是你。

所以，你還要花時間再問怎麼辦嗎？

是分手，還是繼續眼睜睜看他出軌而束手無策？

是尋找更合適的工作機會，還是繼續留在糟透了的工作？

是克制住自己過剩的欲望，還是不停刷爆卡？

選錯也不會怎樣，逃避才真會誤事

以前一起工作過的實習生向我求助，到底是留在現有單位還是換個工作好？距離上一次他向我提問「出國還是工作好？」已過了兩年。雖然拋給我的是不同的問題，但無助和焦慮的姿態絲毫沒變。

印象中他常會在面臨選擇的時候猶豫不決，大到工作方向，小到衣食住行，他的人生好像一直充斥著難倒自己的選擇題。

這樣的問題我們稱之為「選擇恐懼症」，雖以「恐懼」兩字冠名，但也算不上多讓人害怕，只是這樣的人難選擇、易焦慮，很難痛快做出一個決定。

生活中這樣的人不在少數，每天就像有債主在身後追個不停，一睜眼就欠生活一個答案：我該選什麼？如果你鼓勵他們快速選擇、調整心態，他搞不好還可憐兮兮地睜著無辜大眼告訴你，沒辦法，我就是這樣一個糾結的人！

其實不是沒辦法，只是不想有辦法。「選擇恐懼症」是你給自己的強大暗示，糾結是你給自己胸口一針針紋上的刺青，你只是不相信自己能快速做出一個選擇。

選擇焦慮背後的第一層真義就是，你用自我暗示阻礙自己快速做決定。

通常，**我們認為自己是什麼樣的人，就會做出那樣的人該做的事**。你以為自己是善良的，所以願意幫助他人；你認為自己是誠實的，所以才會拾金不昧；你以為自己是弱小的，所以習慣於尋求保護；你認為自己是糾結的，所以才會在選擇面前左右為難。

你賦予自己一個糾結的人生設定，跟你賦予自己幽默、懂事、善解人意、貪玩、好奇等設定並無差別，每一種設定都會促成你過上想要的人生。雖然糾結並不是一個積極的符號，甚至有些負面，但它依然有正面的意義。

因為糾結必定會帶來思前想後，必定跟衝動脫離了牽扯，這樣的狀態會讓你覺得自己是個深思熟慮、考慮周全的人。只是你誤解了兩者之間的區別，做出錯誤的度量，過度地分析利弊、過久地抉擇不但不是周全，而是一種會讓人不堪重負的糾纏不清的狀態。

你或許會在最開始時享受左思右想的過程，因為這說明你在用理性處理問題，你會欣喜自己是個成熟的人。但拖到最後它將變成一種折磨，因為每做出一個選

別總扮演受害者，這腳色太消磨心力

生活中總有一類人，覺得過得不太好，就一定是別人的錯；沒有過得更好，就一定是被人迫害。社會有問題，人生是地獄，就好像所有人生下來的使命都是要陷害他，全世界都與他為敵。

我有個好哥兒們最愛的論調就是懷才不遇，每次說起工作，他都氣憤跺腳。不是主管有眼無珠，就是同事搶他風頭，總之這幾年換了好幾份工作，都不適合他。他總愛將「不是我不行，是周圍人都排擠打壓我」掛在嘴邊。

還有一個好姊妹，戀愛經驗豐富，坦白講是分手經驗豐富。每一次分手都要把前任數落得狗血淋頭，不體貼、不上進、控制欲強等，說到底，都是對方不好。她最愛說的話就是「要不是前任渣男耽誤了自己，早就嫁人生子了。」

生活裡這樣的例子遍地開花。

這種心態簡直是這個世界上最常見又最難根治的病症之一，可以統稱為「受害者症候群」。

他們最愛在生活中傾情演出類似受害者、弱者等苦情腳色，並且入戲太深，陷入了荒誕的邏輯之中。

「薪資不高是因為這個行業薪資水準低。」

「我沒升職，同事升了，還不是因為他靠關係！」

「談戀愛總是吵架，都怪男朋友不爭氣。」

他們的現狀一定是慘烈的，我沒有想讓誰在悲戚生活中掩耳盜鈴，我確實能看到這些人過得不如意。可是，然後呢？

把問題統統扔給別人，一副事不關己的樣子，這樣就真的沒問題嗎？作為最關鍵的當事人，真的能置身事外，揮一揮衣袖卻不沾一片雲彩嗎？

如果我們認為從來都不是我們的錯，就不需要為它負責，如果不需要為它負責，那我們就始終是受害者，永遠無法翻身。

抱持著受害者心態，你會在內心逐漸擴大所遭受的不公平，讓自己成為一個真正的受害者，每天生活在抱怨中。之所以有這種看似不理性又有很多壞處的心態，最初是因為它能給予我們暫時的保護，而這種自我保護就是一種心理防禦機制。

心理防禦機制是指，在面臨挫折或衝突的緊急狀況時，我們的內部心理活動會產生一種適應性傾向——自覺或不自覺地解脫煩惱，減輕內心不安，以恢復心理的平衡與穩定。

當我們遇到問題時，如果把責任都歸咎於別人，便可以在某種程度上減輕自己的內疚，也能避免無力感所帶來的自卑。

這樣做的成本很低，既不必承認別人有什麼長處，也不必找機會提升自己，只需要在原地發脾氣就可以了。

這是心理防禦機制過度所產生的必然惡性結果——退縮行為。在困難面前不積極主動解決問題，而是選擇退縮，怨天尤人就是唯一的回應。

其實，經歷不公對待或生活打擊之後，你本來只會受到一〇〇點的傷害，但因為心態而擴大了這種傷害，最終的感受可能變成一〇〇〇點。

任何心理創傷，都必須有所謂受害者的「配合」才能完成。你愈是把自己包裝成受害者的腳色，這種傷害就愈發猛烈，就像用顯微鏡盯著自己的傷口，你的眼中容不下其他。受害者的姿態還會讓你不斷地顧影自憐，約翰．威廉．加德納（John W. Gardner）曾說過：「自憐很容易成為最具破壞性的非藥物性麻醉。人會上癮，將事件中受害的部分剝離出來，以得到短暫的安慰。」

在這種自憐狀態下，會覺得整個世界都與自己對立，陷入僵局。不採取行動，人就會迷失在憂鬱和自憐的恐懼中。

這就是你給自己設定的惡性心理遊戲：受到傷害—別人的錯—我是受害者—我可憐自己—被動迎接傷害—不作為。

你演出得逼真又賣力，可惜沒人給你頒發奧斯卡獎盃。

當然，你遲遲不肯行動，還因為受害者心態給你帶來了很多好處。

一、你會得到幫助

你會一直感覺別人對你不錯，他們會關注並想幫助你，因為他們也覺得你是弱者，你很可憐。

但救助不會持續太長，久了人們會厭倦。跟「救急不救窮」的道理類似。

二、不用面臨風險

當你想做個受害者時，你會傾向於不採取行動，也就不用面對拒絕和失敗。畢竟承認自己的失敗會讓我們更難過，而採取行動就會有新風險。

三、不用承擔重擔

為自己的生活負責是個很艱難的事，有時，你會因為太沉重而想雙手一攤不幹。如果把問題都理解成是別人的責任，那樣多輕鬆，你就不必痛苦地為自己的錯誤負責。

四、自我感覺良好

當你覺得一切都是別人的錯，只有自己是正確的，這會讓你感覺不錯，好像眾人皆醉你獨醒，全世界就你最行。

可惜這一切都短暫易逝，長期處在受害者狀態裡，會讓我們愈來愈難以自省自身的問題，更不用說要改進了。我們會愈來愈容易怪罪別人、抱怨人生，用負能量影響周遭。此外，它還會侵蝕你的人際關係，畢竟沒有任何一種關係不需要維繫和經營，只等待別人改變。

如果你還有一點點野心想追求成就，從現在開始就為自己的生命負責吧。

工作不順是不是僅僅因為環境惡劣、主管勢利？那個看似有心機的同事，是不是確實有一些你不具備的能力？女友棄你而去是因為她嫌貧愛富？還是因為對你的不求上進感到失望？

如果你不能嘗試轉換這些思維，那麼我一點辦法都沒有。

我知道那些多年積攢的受害者思維，讓你感到親切又熟悉，但回頭看看，它究竟給你帶來了什麼？除了不停在你前進的道路上拖後腿，只會讓你更加顧影自憐，在每個深夜不停反芻發生的一切，並捶胸頓足問蒼天，為什麼受傷的總是你？

請不要再糾纏於這個問題而拖垮自己。

不如問問自己：我做什麼能克服或解決這個狀況？誰能幫助我？我能從哪裡得到有助於解決問題的資訊？如此一來你就不會陷入受害心理的囚籠，而是開始朝著解決的方向發展，這種感覺很好，而整件事情也會運轉得更好。也許你還會從受害者腳色搖身一變成為拯救者，你拯救的是自己的生活。

當然，我並不認為這個世界上時刻有公平和正義存在，就連比爾．蓋茲（Bill

Gates）這號富二代加世界富豪，給青年人十條忠告中的第一條都是：Life is not fair, get used to it（生活是不公平的，你要去適應它）。這種適應的方式是消極或積極，決定權就在你自己手裡。

人必先自辱，而後人辱之。若不是你把自己投擲於一個受害者的位置，別人也不會爭先恐後來迫害於你。總之，別讓受害者心態離間了自己和更好的生活。現在改變，一切都來得及。

以一種實際的方式去寬恕。「當你對另一個人抱有怨恨時，你必然要與那個人或環境，保持一種比鋼鐵還要堅實的情感聯繫。寬恕是消解這種關聯，獲得自由的唯一方法。」在這段凱薩琳・龐德（Catherine Ponder）的話中，你可以找到一個寬恕的最好原因。

只要你不原諒那個人，就會和那個人有關聯。你將一遍遍想起那個冤枉你的人以及他的所作所為。兩人之間的情感連接如此強烈，你和你身邊的其他人，都會因為你內心的混亂而承受很多痛苦。

只有當你寬恕時，才能釋放了對方，也將自己從痛苦中解放出來。

你對誰都好，就是對自己太差

一個朋友開了工作室，網站出現了一些問題，我的另一個朋友懂一些技術，就過去幫忙看看。他家住山上，最近每個週末都往返於四十公里外朋友的工作室，並沒有怎麼休息。

說起來，他和這個朋友並不怎麼相熟，不過是偶然聚會上認識的一面之緣，但對方開口，他不忍拒絕，只能硬著頭皮。我這位朋友確實是一位好好先生，平時朝九晚九工作忙，週末沒為自己著想，反倒奔波勞累去幫別人。

生活中他是熱心腸，誰有什麼事都喜歡求助於他，不是因為他能力過人，只是因為他不會拒絕，哪怕委屈犧牲自己，也要為別人兩肋插刀。

他讓我想起我的一個遠房親戚，當年因為男朋友不想留在家鄉，她便辭去了很有前途的外企工作，另找了一份工作，跟男友在外縣市結婚生子。她的生活除了家庭、工作，還有一大堆「公益」之事要處理。

因為她學歷高，又熱心愛助人，所以親戚朋友同事的孩子需要課外輔導都會找

否接受別人的拒絕，這都是需要自信和勇氣的。如果做不到拒絕也不能自如地提出要求，又害怕被別人拒絕，這種心理狀態在心理學上稱為「被拒敏感」。

拒絕常常和否定相連，拒絕別人總讓人感覺是在否定對方的價值。正是因為你把這個想法投射到他人身上，所以你也同樣害怕拒絕他人。你希望自己是無害的、利他主義的，你不想傷害別人的自尊，所以你不願意拒絕。

怕說「不」的人，在他過去的經歷和人際環境中，一定存在著很多規則和約束。在這樣的言語暴力下，人的行為會在無形中被一種勢力控制著，總是聽到和遭到「你不能……」、「你不要……」、「你如果不……，就會……」的指引，就會漸漸形成對「不」的高度敏感。

不拒絕不意味著能避免或減少傷害，當你因不忍拒絕，又或者因能力不足而不得不為難自己，也耽誤他人的時候，只是在無盡的拖延中傷害彼此，面對他人的求助，拖延才是最殘忍的拒絕。

所以，拒絕也請及時，表明原因和真誠的歉意，也是一種尊重和解決方式。

任何對這個世界的善意和愛，請先以不破壞自己的生活為前提，適度的犧牲和忍讓是一種美德，但沒有任何一個人、一件事，值得讓你放棄自己的生活，讓你無法留一點愛給自己。

如果不能停止這種不斷付出以取悅他人的模式，你將一直跪在別人心裡，難以挺直腰桿，最終犧牲了自己的人生，換取到的只是他人習以為常地接受你的好。

擺脫社交恐懼症，從坦承問題開始

近來，我發現一件奇怪的事。

原本經常聚會的朋友圈裡，有一位朋友最近頻繁缺席，給的理由愈來愈多花樣，從加班到身體不適，從家裡的狗生病到衣服送洗沒有能穿出門的外套，最後甚至乾脆不回覆邀約訊息。

他以前可是非常熱愛聚會的人，現如今我們生活在同一個城市，見面時間不過往返一小時的車程而已，他卻不再露面了。

有一次我試探性地問他，是遇到什麼困難還是真的太忙了，他支吾了半天說，覺得自己好像得了社交焦慮症，一想到要跟朋友見面就特別緊張，若是第二天要參加聚會，那個晚上甚至會焦慮到睡不著。所以，除了工作相關的應酬，他乾脆拒絕所有社交，變成一個徹頭徹尾的宅男。

為此我還發起一個小調查，你是否有過因為社交而感覺焦慮的經驗？回覆問題的人有近一百名，我得到的答案是六二%的人都有不同程度的社交焦慮。

看起來，社交焦慮真的變成一種流行病了。有很多人因為焦慮而減少，甚至回避社交，難道以後我們的往來只能透過網路這種虛擬管道了嗎？

朋友問我該怎麼辦，或許深受其苦卻找不到出路的不只他一個，在社交焦慮還未升級轉化成更大的問題之前，每個人都應該自查、剖析並找到解決辦法。

我跟身邊有這種困擾的人聊過，發現真正讓他們感到焦慮的並不是社交本身，而是社交會給他們帶來什麼。

就像有人害怕坐飛機，有人害怕走夜路，他們所擔憂的都是這件事會帶給他什麼結果。害怕坐飛機是怕遭遇不測，不想走夜路是怕遇到危險，而社交焦慮背後的動機更為複雜。

社交並不簡單，而面對這樣繁瑣的事，我們的焦慮其實是必然的，而且每個人都會有一定程度的焦慮，這是正常的情緒。

通常，對社交有適度焦慮感的人是更值得交往的人，他們對他人敏感、更善於傾聽，也更容易理解和體諒他人。**適度的緊張程度會更讓他們更容易察覺周圍的變化，而不是只關注自身，對他人遲鈍。**

當你意識到你對社交有不同於以往的壓力、緊張甚至想逃避的時候，別閃躲，你要坦誠而確定地告訴自己，你的確有焦慮的問題。承認焦慮並不丟人，每個人都有這樣那樣的問題，那是一種普遍的存在。

其次，找到真正的原因。

如果是暫時性的焦慮，那麼你可以不去理睬。但如果是前面所說的三種情況所引起，就要各個擊破。

基本方法是，在哪裡遇到問題就要在哪裡解決。就好像你永遠不會在陸地上學會游泳一樣，社交問題也要回到社交情境中處理。

低控制感的人首先要知道，縱然你再無所不能，可以控制的也只有自己而已。你能做的不是努力去改變不可操控的部分，而是接受它們的存在，並且調整你的心態和溝通方式。

如果是固化的人際交往模式所引起的焦慮，也可以透過觀察和學習來改變。多參加不同的社交場合，即便你還不懂得如何應對，但你能藉此觀察和模仿，看看那些在人際交往中如魚得水的人是怎麼做的。

此外，也不要逃避在社交場合出現。當你對社交活動感到習慣，適應感就會變強，焦慮感也會隨之降低。

對於因擔心外部評價而逃避社交的人來說，你要學習的並非在他人面前維持良好形象，而是做更真實的自己。沒有人能演一輩子的戲，也沒有人一無是處、毫無價值，真實地表現出自己才更難能可貴。

最後，學會跟焦慮做伴。

對於部分人來說，社交焦慮只能減輕，無法根除。但這並不意味著你終生都無法有正常的社交活動，也不意味著你會一直痛苦。

接納也是一種治療，就像一些慢性病一樣，把它視為人生中的一部分，你便可以跟它共生，且能不受其累地好好生活。

如果你嘗試了各種辦法，都無法徹底完全放鬆，那麼你就要總結，經常遇到的是哪些讓你緊繃的情況，又有哪些辦法可以盡量避免最糟糕的結果發生。

你要變得像熟悉自己一樣熟悉社交焦慮。比如，經過你的嘗試和總結，你發現相對於兩人見面，多人聚會讓會讓你較不自在、保持沉默，但是你可以藉著多跟比較相熟的幾個人交流來讓自己放輕鬆，那麼下次再遇到這樣的情境，即便焦慮依然存在，但你知道你可以應付得了，你有管用的辦法。

還有一種讓你跟社交焦慮和諧相處的方法，就是了解你的社交願望是什麼。當你把更多注意力放在跟社交願望相關的部分，焦慮便不會時時困擾你。

如果你正在面對社交焦慮的問題，不必過度擔憂，焦慮本身並沒什麼可怕，可怕的是你不知道自己究竟在焦慮什麼，因而總是逃避。如果你願意面對、緩解、與之和諧共存，那麼解決的不僅僅是焦慮，而是在征服世界的路上又邁出了一大步。

反覆分手復合，只會削弱親密關係

感謝那些每天掙扎在戀愛中痛並快樂著的小夥伴們，提供了我源源不斷的寫作素材。比如下面這位。

A：我覺得我和他又要分手了。

B：你少來，一年聽你們分手二十八萬次。

A：嗯，接起來繞地球兩圈。

B：但也就聽聽而已。

A：哎，我自己也覺得真是夠了。

B：算了，說說這次又怎麼了。

我想說的是她絕對不只是一個人！反反覆覆鬧分手，又反反覆覆復合，彷彿冥冥中注定，就是無法談一場不鬧分手的戀愛。

我想很多人都遇過動不動就提分手，很快又來求復合的戀人，或者分開後總說「我想見你」，很快便如膠似漆，然後不出三天，又開始上演鬧分手的戲碼。彷彿他們談戀愛必須按照「分手—復合—分手」這種不斷重複的SOP流程。遇到這樣既古怪又令人欲罷不能的狀況，到底該怎麼處理？如何能治好對方這種愛鬧分手的毛病？

我覺得基本上，得先分析對方反覆提分手的病根在哪裡。

一、證明自己是被愛著的

之所以第一個寫此類型的分手愛好者，是因為喜歡反覆「分手—復合」模式的人，多少都有這類型人的影子。

正常在戀愛中博得關注和愛的合理方式，是努力把自己變得更有吸引力、為對方付出、積極建設親密關係，這是讓彼此更加相愛、關係更穩定的積極途徑。

此類型的人同樣也需要愛和關注，但卻往往採用消極的、負面的方式。他們的自我獨白常常是這樣的：「你對我不好，我只能分手，如果你真的愛我，就會來挽回，否則就真的是不愛我。」

這些表現大多跟童年經歷有關。在他們跟這個世界的最初連結中，可能遭受了很多關係中的對抗或疏離，使得家庭總是充斥緊張的氛圍，在這樣的情況下，便很難正面積極地去應對問題。

他們從小就會藉由調皮搗蛋、故意犯錯等方式，贏得父母的時時關注，雖然可能會被訓斥或體罰，但至少博取了關注，打罵當中肯定也有愛的成分。我們都知道最可怕的關係是冷漠和忽視，一旦孩子聽話、不再惹禍，父母感到放心，就不會再投入那麼多時間和精力去「矯正」他們，這往往也是他們在戀愛中最怕發生的情況——沒有波瀾，難以感受洶湧的愛。

缺乏安全感而反覆提分手的人，雖然在意識上很痛苦，但在潛意識裡卻很享受這樣的關係。因為每一次提出分手，對方的挽留對他來說都是愛的證明，這樣可以快速直接地驗證伴侶是不是愛他，所以即便表面看來，分手是一種破壞關係的行為，但在他們內心深處卻是對自己安全感的建設。

一旦對方真的同意分手，他們又會覺得難以真正接受，對於他們來說，無法接受的是自己不被愛、不被重視的現實，所以會再次求復合，這是獲取關注的第二種辦法。

這類型的人其實希望在戀愛關係中重建自我價值，但是用錯了方法。如果你的伴侶或者你恰巧就是這樣的人。建議透過溝通來解決這種惡性循環，你們必須知道，反覆這麼做雖然可能從某種程度上給予一方安全感，但也傷害了另一方的自尊，消減了戀愛的動機。

任何一段關係都不能長期失衡，一旦有一方總是需要犧牲或者耗費過多精力去解決問題，只會讓這段關係趨於疲軟，最終走向決裂。

所以可以透過溝通，確認反覆分手又求復合的原因，如果真的是希望證明安全和愛意，那麼可以嘗試採取更積極的方法，鼓勵對方做出對親密關係更有益的改變，並且及時給予鼓勵、肯定及愛的回應。

請記住，打擊和破壞永遠不會讓關係變得更加堅固，但愛和付出可以。

二、錯把戀愛當表演

這可能是瓊瑤小說閱讀過多的後遺症，他們一定要在戀愛中鬧得翻天覆地才肯甘休。前一秒還在演出「山無棱天地合」，轉眼就跳到了「你走你的陽關道」戲碼，總之變化多端，喜怒無常。

這類型的人除了愛提分手之外，還經常在鬧分手時把氣氛搞得跟電影一般，愛來點儀式，說點煽情的話，每句都像人生箴言，每個眼神都有欲說還休的不捨。

雖說提分手，但總少了很多理性意味，過分刻畫離別的難過，又暗示這好像是復合的必經過程，彷彿只要你願意配合她來一段挽留的電影對白，讓她感覺自己形似小公主，魂似真女王，馬上就能重修舊好了。

他們反覆提分手又反覆勾引你來哄，未必是真的想分手，只是對愛情的印象還停留在淒美愛情小說裡。他們不喜歡一眼望得到頭的愛情，必須在戀愛裡鬧個痛快，在分分合合裡尋找愛情的真意。

你若不嫌累就配合演出幾次，但要讓她明白，再戲劇化的過程也不是只有分分合合，你們還可以演點別的橋段，對吧？兩個人並肩努力、克服困難後終成眷屬，也很感人不是嗎？或者互相鼓舞共同提升、攜手走向人生巔峰，不也很勵志嗎？再不然，你們沒事就來個說走就走的旅行，不也很刺激？

現他的曖昧行為，也怪不得別人，當初是妳不分手，那就相當於默認可以接受。妳的縱容會變成對方「控制」妳的有利說辭：「不分手，那妳就包容吧。」

也不排除對方提出分手後，回頭要求復合的可能，或是聲淚俱下，或是拿身家性命保證今後會對妳好。你糊里糊塗被這苦情計打動，以為對方回頭是岸。但也許對方早就知道你吃這一套，下次再分手，大不了再來個一哭二鬧三上吊，妳肯定也會心軟答應。

面對這樣的情況，我的建議是給一到兩次機會，也算是給自己機會。如果對方仍然利用妳的軟弱和善意繼續傷害妳，請即刻終止這種反反覆覆。別再幻想自己無限次的包容和退讓可以換回對方的珍惜。

其實反覆分手又復合的情侶我見過不少，最終都難以善終。最開始的感受是死去活來，痛不欲生，而一旦分手變成了習以為常的家常便飯，就很難給人深刻反思自己、反思關係的機會了。它只會讓人覺得辛苦、疲憊，直至痲木，最後變成「分就分吧，反正我知道總要分手。」

如果對方已有反覆提分手的經驗，你也因此被折磨得無所適從，那麼請好好思考你們的關係，是不是只有反覆分手這麼簡單，如果其他方面都合適，只有這一點不如意，那麼告訴對方，也告訴自己，再給彼此最後一個機會。如果接下來依然遭遇同樣的困境，請頭也不回地走掉，把時間留給下一個更適合的人。

戀愛就像一張美麗的畫，每鬧一次分手，都會留下一條皺褶，它還是那麼美，但卻難以平整如初。

人生短暫，即便是浪費，也請浪費在一個不捨得跟你分手的人身上。

你不是生來救地球的，沒必要自鑄道德枷鎖

最近，我的閨蜜G小姐急急忙忙地要找我聊聊，因為她陷入了一場糟糕的戀愛，卻又無法自拔。

在旁人眼裡，她的男朋友絕對是一個不折不扣的「人渣」，她認同這一點，卻仍然做不到冷靜理智地分手。她想不通為什麼明明知道所託非人，明明知道應該分手，卻還是放不下？

說起G小姐的男朋友，如果把他身上的缺點當成靶子射，能掃射成一枚人肉馬蜂窩。因為工作原因，他和G小姐相識，投其所好發動熱烈追求攻勢，G小姐招架不住，舉手投降，在一起後卻漸漸發現對方無法依靠。

男朋友辭了工作，打著想了解如何創業的旗號，無所事事了近半年，期間都是由G小姐支付生活開銷，男朋友雖工作多年，但因為花錢大手大腳，幾乎毫無積蓄。錢花到哪兒去了？他喜歡拈花惹草，雖然沒有要把周圍狂蜂浪蝶扶正的打算，但也處處留情，請女人吃飯、開房，有幾次都被G小姐抓個正著。

要說他對G小姐有多好呢？除了追求時甜言蜜語加忠心表態以外，幾乎沒有什麼可圈可點之處；在家不收拾家務、對G小姐呼來喚去，有時甚至惡言相向。

G小姐雖然早早就覺得苗頭不對，但幾次提分手都被挽回，因為渣男一直承諾會改變，只是需要些時間慢慢來。拖來拖去，耗了大半年，渣男沒有什麼實質的變化，G小姐卻愈陷愈深，痛下決心無數次，卻仍然沒捨得分開。

我問G小姐為什麼分不開？她說畢竟相處久了，對男友的用情愈來愈深，對方也承諾要改變，不想就這麼分手，太可惜了。

在我看來，不分手才可惜透了。妳以為他終會浪子回頭，但卻不明白或許需要一生的代價來等到那一天。

G小姐問我是不是覺得她特別傻？這真是一個難以回答的問題。說傻呢，G小姐的確是不夠聰明，她自以為要扮演一個偉大的拯救者；說她不傻呢，是因為她也切切實實在這場戀愛關係當中得到了最需要的東西——成就自我。

每個在戀愛中傷痕累累卻還是捨不得放手的人，都以為自己的不捨是因為愛情。所以他們心甘情願一再付出，看似不求回報，實際上已經得到了回饋，填補心

中最缺失的一角，這一角就是他們在人生中沒有得到滿足的成就感。

有人在事業中獲得成功，有人在家庭中感受幸福，有人在興趣愛好中體驗成長，同樣也有人在婚戀關係中實現了人生意義和自我價值。

當然，最美滿、平衡的結果就是開枝散葉，每個部分都繽紛茂盛。但遺憾的是，事業、家庭、人際關係、個人成長等方面並不總是能提供顯而易見的成長機會，甚至有時會出現暫緩、阻滯，或者在這樣的當口，我們更容易被一些看似能獲得巨大滿足感的事情吸引，並深陷其中。因為在潛意識裡，拯救一場糟糕的關係，改變一個混蛋，簡直是實現了一個偉大的英雄夢想。

有的人沉浸在這樣的夢想當中，孵化出一個身穿超人行頭的自己，肩負影響他人命運的使命。無論受到什麼樣的折磨對待，都不願意放手，因為所有的艱難和阻礙都是改變對方的必經前戲。他們覺得只要自己付出、堅持、感化，終能贏得對方回心轉意。

這是他們的潛意識譜寫的劇本，對方必定是那個萬人嫌的魯蛇，而自己的腳色設定必定是忍辱負重、慈悲為懷、偉大光榮的。

如果真的能讓浪子回頭、浪女悔改，那真的是一段感天動地、可歌可泣的傳奇故事。但只可惜，拯救混蛋需要花費的精力就像個無底洞，你投入的所有可能都沒有回響，他們只會一次又一次地用空頭支票般的承諾，勾引你付出更多時間、物質和感情。

即便是這樣，這些「偉大的超人」也依然能獲得自我滿足，因為在不斷付出的過程中，他們得到了旁人的頌揚和憐惜。這些外部的評價，也是他們成就感的來源之一，在他們看來，偉大的使命必然會獲得社會的支持和認同。

即便是那些對「渣男」、「渣女」的聲討也正合他意，在這樣的聲討背後是對自己的認同和肯定，這種「我很好」和「他很爛」的對比，也強化了拯救者內心的自我形象，以及他們不斷付出和堅持的行為模式。

有時他們也會自我懷疑，是不是在做沒用的事？是不是真的應該離開這個混蛋？雖然理性上的判斷該分手，但因為內心已經把自己定義為「拯救者」，所以情感上無法接受這樣矛盾的做法。在這樣的情況下，他們還會合理化地自己的堅持，並產生強烈的責任感。

就像G小姐，雖然一方面認為男友是混蛋，但另一方面又會把問題歸咎可能是童年家庭生活不幸福、事業上的挫敗等等理由。這些都讓拯救者更加心疼對方，也為自己的付出找到義正詞嚴的理由，就好像改變他是自己義不容辭的責任，離開他就是無情無義。他們給自己銬上了道德枷鎖。

這樣的拯救者腳色設定，也會擴散到生活的其他層面。

G小姐現在所處的團隊危如累卵，除她以外的成員都一副混世的態度，全組績效都靠她一個人在撐。她雖然經常抱怨團隊分工不明確，其他同事不努力，但言語中又總是透露出一點得意。因為作為團隊中的靈魂人物，一次次地力挽狂瀾帶給了她極大的滿足，讓她找到極大的自我認同，價值感十足。

其實，這樣的拯救者是很可憐的，他們把自己架在神壇之上，無法動彈，除了經受苦難修成正果，別無選擇，這是他們認定的「命」。

沒有獨立人格的人，更傾向從他人身上、從依存關係中去尋找和完成自我。他們獲得安全感、自信心和成就感的來源大多是外部的，推動他們自我成長的契機也必定是外部的變化，而不是內心深處的吶喊。

因為他們骨子裡刻著一個衡量自我價值的公式：「他人肯定＋外顯成就＝自我價值」。然而，這個公式卻是不對等的，它缺失了最重要的部分，那就是自我成長。喪失獨立人格的人用所有外部化的標籤替代內在標準，沒有他人的認同或沒有透過這些拯救獲得外在的成就，他們便不會認同自己是有價值的，自己的人生是有意義的。

他們也會高估自己，認為有能力改變他人，甚至是無所不能的。現實與「自以為」的差距存在著巨大鴻溝，為了填補它，拯救者們只能不斷地投入、改變他人，來驗證自我認知。所以割捨糟糕的戀愛關係，就相當於斬斷實現自我的可能，甚至會讓他們把自己定義為失敗者。

「為什麼我這麼努力，他還是沒有改變？」「為什麼我付出這麼多，他還是不能善待我？」這些疑問的答案統統都指向自己的無能。失去戀人的痛苦是次要的，最讓他們難以接受的是自己的沒用。

如果想改變這樣的腳色設定，最關鍵的就是卸下承擔他人生活的責任，正視自己的心理動因，從自身獲得滿足。

每個人最根本的使命都不是去成就他人，而是獲得充分的自我成長，成為一個具有獨立人格的人，在此基礎之上再談幫助他人。**自己的人生只有自己去承擔，當你完全把他人的人生扛在自己肩上的時候，也等於剝奪了他人自我成長的機會。**

如果真的是一個成功的拯救者，最先應該拯救的是自己的問題，學會把他人的問題還給他人，先完成自我成長。

總而言之，一切外顯的成就不等於個人價值，當你意識到最大的自我價值就是自己本身，這大概才是最有價值的事。

每個人都是平凡的，但不妨礙我們有偉大之處，真正的偉大是為自己的人生負責，而無須用一場糟糕的戀愛來證明。脫下超人裝扮，走下神壇，交還別人該承擔的責任，才是成就偉大自己的開始。

沒有完美戀人，只有最「合拍」的另一半

我身邊有那麼一類女孩，聰慧、美好、識大體，但僅限於單身的時候；一旦談了戀愛，就完全變成截然不同的人，不顧一切、歇斯底里、笨得一塌糊塗。為愛痴狂也算是一種美德？依我拙見，僅限於愛對了人之時。

什麼叫對的人？

三毛與荷西，黃蓉與郭靖，他們各有各的不完美，但就像兩個配套的齒輪，齧合在一起就可以高效率運轉。

而錯的人，就算本身都是極好的，放在一起卻不倫不類。

所謂愛對人，不是一定要找到最好的，而是一定要找到最適合的；所謂愛錯人，並非那個人惡劣不堪，而是他的好不對你的口味。

我們最常聽到的分手原因，就是「我們不合適」，而問起來究竟是哪裡不合適，又不見得有人說得明白。如果能在開始一段戀愛之前就弄清楚這個問題，或許就不必經受不必要的折磨和細碎生活中滋生的矛盾，直到最後才憤恨或遺憾地說上

這種矛盾就在於現實與期望之間的衝突，人們往往會渴望不符合自身現實的東西，迷戀到無法自拔，因為那似乎代表一種夢想，一種更美好的存在。

如果把不切實際的幻想轉變成身邊觸手可及的真實人生，你才會發現自己駕馭不了也消受不起，那不過是一種葉公好龍的翻版故事。說到底，你雖然想努力維繫那個夢，但實際上你還配不上。

放棄真實的戀愛去追逐虛幻、不切實際的幻想，就是愛錯人的又一個縮影。你當然可以閉上眼做任何美夢，但睜開眼時也別忘記為自己的真實人生努力。就像我們曾經都經歷過的那樣，在幻想裡我們無所不能、上天入地、法力無邊，可那僅僅是一種嚮往而已，你不會因為這些當下不適合自己的橋段和劇情，而放棄譜寫自己的人生劇本。

夢中情人再美好亦是虛幻，眼前人即便平凡卻是真實的存在。與其對真實的人生充耳不聞，不如妥善安置好你的美好期望，聚焦當下，好好修煉自己，待到有一天你變得更好、更強大，能把「配不上」轉變成「配得起」，把「不適合」轉變成「正合適」，再去追求曾經的夢想也不遲。

不論是沒有弄清楚自己適合什麼樣的人，還是明知不適合卻還苦苦追尋，都是愛情中的常見錯誤，或許它不可避免，但絕對不值得一錯再錯。在逐愛的路上，誰都是不斷甩掉偏見、修正錯誤也調整自己，但你一定要明白，這麼做的目的不是為了找到最好的人，也不是為了收穫最完美的愛情。

因為真正的愛情裡沒有完美，真正「最好的人」，不過是那個最「適合」你的人而已。

有時無法戀愛，和愛情本身無關

看過下面這種觀點嗎？

「如果他喜歡妳，就不會曖昧不清；如果他不再聯繫妳，別為他找理由。He is just not that into you。」

總之，無論是他不主動聯繫妳、他莫名消失、他現在不想跟妳結婚、他跟妳長期曖昧沒確定關係，結論都只有一個：他沒那麼喜歡妳。

這是電影《他其實沒那麼喜歡妳》（He's Just Not That Into You）裡傳遞的觀點，我二十出頭的時候也被蒙蔽過。但凡對方沒有做到我以為的愛的舉動，我都會一棒子把他們擊倒在戀愛的門前，打死也不讓進門。這一悶棍就是前面提到的那種思維定勢，不允許別人做任何不符合預期的事，只要冒天下之大不韙做了，就是不夠喜歡我，他就沒資格跟我戀愛。

也不只我一個人把這種觀念當作金科玉律，我身邊的女孩們也曾陷入這種思維裡不願自拔，就連上週在咖啡館不小心聽到鄰桌的女孩聊天，也是同一個路數。一方痛斥男友的各種不好，另一方聽完自信又煞有介事地告訴她：妳知道嗎？原因很簡單，他就是沒那麼喜歡妳。

我們殘忍地不談人性、不談生活的苦、不去關照對方的經歷、也不願仔細想想為什麼，直接簡單粗暴地承認他不愛妳，就輕鬆詮釋了這個男人所有的過往行徑，就連那些曾讓妳感覺到愛意的回憶，也被妳以為不過是逢場作戲。

好像一旦認同「他不愛妳」，就可以證明妳的戀愛理論，就可以演繹全天下所有的戀愛假設：他愛妳，他就一定要跟妳在一起；他愛妳，他就一定要按照妳期望的一切行動；他愛妳，他就必須不能做出任何讓妳感到失望的事。

我一查這部電影的編劇，Abby Kohn，果真是位女性。

如果妳真的堅信，一切愛情煩惱的背後都有「他不夠愛妳」的原因在作祟，最好一輩子都別談戀愛、別結婚，因為妳一定會失望，這個世界上並不存在滿足戀愛公式的男人。再愛妳的人也不可避免會讓妳有失落、傷心、不滿的瞬間，因為男人這種生物真的沒有那麼簡單，不是一句「用下半身思考」就能以偏概全。

講幾個男人的故事，為你們搭一座橋，去男人心底瞧一瞧。

那會是一種怎樣的尷尬和羞愧？

俄羅斯人安德列・齊卡提洛（Andrei Romanovich Chikatilo）也是夜尿症患者，因為忍受不了他人的嘲笑，他變成一個變態殺人狂，殺害了五十三條生命。小馬沒成為殺人狂，但他一次又一次親手殺害了自己的愛情。

他不想別人發現他丟人的症狀，一次次在半夜溫存過後走掉，或是把女朋友趕出家門。

長期的穩定關係對他來說，是不可能完成的任務，更不要說結婚了。女朋友一定也不能理解，為什麼這個男人總是無法跟自己同眠共枕，是不是不愛自己？不以真正睡覺為目的的睡覺，根本不叫睡覺。

這些年，他就只能跟來去匆匆的女人睡上一覺，沒什麼機會好好相處。可是婷婷不一樣，她是自己想守護的女人。他做出了努力，給婷婷家裡的鑰匙，打算共同面對問題的時候，婷婷卻先離開了。

如果這一生你都沒有遇到那二十八萬分之一，也許會覺得這沒什麼了不起，可是一旦嘗到了甜頭，人類就會像實驗中的小白鼠一樣，滿腦子都只想著這件事。小馬最終還是忍受不了真愛的相思之苦，他決定坦白這一切。跟婷婷溫存過後，他沒有選擇離開，他睜著眼，等待著天亮。

電影到這裡戛然而止，結局引人遐思。我想像著早上起床後小馬跟婷婷解釋一切的畫面，當一個男人把他最難以啟齒的祕密告訴戀人時，究竟有著怎樣的心情。

有時候不敢愛，不敢面對，是太害怕失去，害怕失掉自尊也換不回愛人。

3.

以前曾在某個聚會群組裡認識一個男人，常先生，有才又多金，迷倒了無數群組裡的女人。據說單身兩年，可是誰都不信，這麼優秀的條件還單身，要麼就是太會挑，要麼就是花花公子沒有固定伴侶，才會百花叢中過，片葉不沾身。

群組裡沒有一個女人敢向他直接示好，看過他前女友的照片之後，更是沒有人膽敢靠近。前女友這種生物，只要存在過，就讓人心生妒恨，更何況她還是一個真正的白富美。

我看過常先生寫的很多日誌，篇篇充斥著對過去的懷戀和對現實的無奈。一方面因為忘不了舊愛，一方面因為現實中無人可愛而悲傷。

他說，有時候女人比想像中還複雜，她們在戀愛前就設定了大大小小的條件。你要帥，又不能太帥；你要有錢，但不能太有錢；你要有才，可不能太有才，一旦在女人眼裡這些光環被視作太過度，她們就擔心你會變成光芒普照的太陽，所有女性都可能沐浴在你的光輝之下，捨不得離開。

還有一些女人的靠近和取悅，不是真的愛他，僅僅是愛他的光環。帶到聚會上有面子，女人會覺得驕傲；走在街上被無數眼光羨慕，女人會感到開心。還有的女人僅僅是旅途過客，在這個月臺候車，又急忙奔赴下一段旅程，你根本不是她的終點，她們不過是藉由一個又一個男人來填充自己的人生，其實自己也不知道自己要什麼。

常先生也渴望一段真心，卻發現連自己也不夠誠懇。他愛過，那個白富美前女友，在他身邊從涉世未深的小女孩，出落成亭亭玉立的輕熟女，最後卻變了心。他從未想過娶別人，也沒想過見證彼此成長的青梅竹馬，最終成了傷他最深的一把刀，他害怕面對告別和背叛，以及相信這世上至少還有他們的愛情不會變的自己。

面對別人的踟躕不定、猜忌試探，常先生看不到一往情深的真誠，他也不願交換真誠。於是他過起封閉自己的日子，成為了女人口中的暖男，或者是渣男。別人對他好，他也對別人好，別人不靠近，他也不會主動靠近，他不承諾什麼，也不保證什麼，他看著經過身旁的女人在自己身上索取短暫的安全感、膨脹的虛榮心，以及自以為是的愛意。僅此而已。

他不甘願讓任何人真正參與自己的生活，拒絕被任何暖意和漣漪融化好不容易築起的冰冷和寧靜，覺得你來我往是無趣至極的事，也不會再相信什麼人。因為體驗過被放在心尖上卻重跌的滋味，知道再摔一次便會粉身碎骨，所以愛不起來，想給自己留個全屍。

愛情如今是個讓他作嘔的詞彙，而他卻不為此感到一點抱歉。

有時候男人不能戀愛，是因為還沒辦法自我療癒，並且遇不到願意一起療癒他的人。

四年前我看日劇《我無法戀愛的理由》，講述三個二十歲左右日本女孩的戀愛故事。一個因為嫌麻煩，只想追求事業而不談戀愛；一個從未真正喜歡上別人而無法真正戀愛；還有一個因為害羞、畏首畏尾而無法開始戀愛。真是有趣又生動寫實

越距離，觸摸彼此真實的模樣。而社交軟體的確提供了這樣一種可能，在我們無法面對面的時刻，至少還能透過這些途徑去看看你關心的人都在經歷著什麼。

我願意看看大家關心的話題、分享的觀點，雖然不是一對一的雙向溝通，但這仍然是一種無時不在的交流。我在別人的分享裡收穫過差點錯過的好書、字字珠璣的文章、我不曾想到的好想法，哪怕就是朋友發布的一家好吃的餐館，說不定也值得收藏起來，下次叫上三五好友饕餮一番。

接納這個世界有不同的存在，不因此而感到焦慮和不適，反而能從中反觀自己並有所領悟，這種開放和自在才是一個成熟的人該有的心態。

如果你只能從他人的狀態中看到炫耀，之後心懷不屑並嫉妒，那真正該反思的人是你自己。為什麼你如此在意並醜化別人的行為，是你真的過得不如意又怕內心失衡，才會無意識地貶損他人？還是你太善妒，見不得周圍的人都比你過得活色生香？抑或是你渴望的東西無法得到，內心失落卻不敢承認？

那些引起你強烈情緒的事，往往都是觸及你內心深處最敏感的部分，那些讓你以為不一般、不尋常的內容，往往都是你本就無法視作平常的東西，本質上跟他人

炫耀與否毫無關係，僅在於你是用什麼樣的態度去理解他人和世界。

如果看到刺眼的內容還是會讓你不爽，你可以更改自己的設定，多關照一下自身，如果不是自己的人生貧瘠又無趣，哪會有多餘的心思過度引申他人的一舉一動。那些能平和地將之視作平常交流和分享的人，看過了，忘記了，都去忙著自己的人生了。

而那些想分享狀態的人也不必太過在意別人的眼光，說穿了，誰這一生都要遭遇點白眼和嘲諷，都要經歷點無緣無故的惡意和謾罵，伸頭是一刀，縮頭也是一刀，真的沒什麼好怕，想po就po，該分享就分享。真正的朋友和關心你的人願意了解你的人生點滴，而那些對你指指點點的人，即便你什麼都不做，也堵不住他們八卦的嘴。

內向無罪，絕對能是你的獨特優勢

「上週朋友介紹給我一個對象，見了兩面，感覺不太好。」

「是很渣嗎？」

「不是，其他方面都還不錯，就是有點內向，不愛說話，好像很難相處，不太想繼續聯繫了。」

這是我上週在咖啡館無意間聽到鄰桌兩個女孩的對話。乍看是吐槽相親男，但也並沒有聽到什麼狗血劇情，倒是她們提到的內向這句話觸動了我。

「因為覺得他內向、不愛說話，所以他難相處」，這是那個女孩在內心中認定的「合理」因果關係，這個結論最終導致女孩不願再與相親男見面。

女孩的話蘊藏著沒點明的一點嫌棄和遺憾，畢竟各方面都好，只是內向……。好像內向是一個公認的缺點，甚至可以僅因為它就全盤放棄，捨棄一個大好的戀愛機會。

我在腦海中搜索「內向」和「外向」這兩個時常成對出現的詞彙，竟然發現，我記憶中，有不少次被人一臉沮喪地提問：我覺得自己很內向，這可怎麼辦？關於外向的苦惱，卻好像寥寥無幾。

這也讓我想起之前粗略看過的一本書《內向者的優勢》（*Leise Menschen - starke Wirkung. Wie Sie Präsenz zeigen und Gehör finden*），當時不覺得有什麼，現在想來，為什麼要單獨提煉出這樣的主題？為什麼沒有一本書寫到外向者優勢呢？

答案好像顯而易見，**在我們的文化背景中，似乎更願意歌頌外向的表現，外向的優勢也是社會公認。對於內向，卻總是會產生不好的聯想，比如「不會溝通」、「不好相處」、「孤僻」、「不合群」等等**。

所以才有這樣一本書橫空出世，解救內向者的困境吧，向世人證明，你看，內向者也有很多過人之處，內向也有內向的好啊！

評價人類這樣多維度的生物，不該有狹隘視角，畢竟，內向和外向只是性格傾向之一，即便要進行較量，天秤上也絕對遠不只這一個砝碼。

更何況，那些聯想未必都是準確的，其中也充斥對內向者的誤解。外向性格同樣可能不會溝通、不好相處、孤僻、不合群。那些對於內向者的不良揣測，也許僅

廣泛撒網，內向者更適合聚焦在自己感興趣的領域，畢竟在相同領域匯聚的人跟你會有共同話題，性格上的差異也會縮小，更適合深度交往。

請相信，內向並不是交友障礙。障礙在於，因為內向而讓自己慢慢遠離人群，表現出冷漠不愛讓人接近的一面。

最後講個故事。

很多年前去墾丁旅遊的時候，民宿主人養了兩隻鬆獅，是我最喜歡的狗。其實不仔細看也不會覺得這兩隻狗有什麼不同。住在民宿的那幾天，我時常逗弄牠們，卻發現牠們的反應截然不同。毛色淺的那一隻叫路路，對餵食還有撫摸都反應熱烈，平時也很活潑、討喜。另一隻毛色略深的叫七喜，卻總是顯得很孤僻，對於來來往往的人總是害羞又很淡漠的樣子。牠沒事喜歡走來走去，不像路路一樣跟民宿裡的人玩鬧。有人餵牠食物，牠也總是猶豫觀察很久才肯靠近。

多數人都會喜歡能跟自己親暱的動物，所以民宿裡的人都愛跟路路玩，有時甚至忽略了七喜的存在。七喜就像個孤獨的詩人，每踱一步都像在進行一次深沉的思索；而路路像一個交際花，有牠的地方一定熱鬧。

離開墾丁的兩年後，我順口問起了路路和七喜。老闆磊哥告訴我，路路經常在民宿開門後就跑出去玩，去年跟對面新開民宿的狗打架，被弄傷了一隻眼。七喜沒什麼變化，依舊守著民宿的門口，安靜又從容地看著人來人往。對於新來住店的客人牠總是充滿警覺，只有那個時候才會叫上幾聲或者跑到老闆跟前，像是在傳話，快去看看，有陌生人來了。

我忽然覺得那時應該多關注七喜。如果在日常生活中讓我去選擇一個朋友，我想我會毫不猶豫地想擁有像七喜那樣的同伴。儘管他們天生內斂，不會快速跟人建立關係，但他們會安然接受自己的人生設定，不做不必要的改變，就那麼從容地守候著該做的事。

七喜有牠的自在，願內斂的你也是。

慢下來，是為了迎接「更快」的時刻

不用看星座運勢，不用看天象八字，我就知道，這個月大家通通都焦慮。這句話放在每個月每一天都可以。我們身處一個焦慮的時代，人人都有焦慮症，有的是無意識的焦慮，有的是顯而易見，抓耳撓腮的焦慮。

沒有焦慮的話，感覺出門都不好意思跟人打招呼。必須擺出一副我好焦慮、很著急的樣子，似乎才是這時代的節奏。

今天要談的焦慮症，和狹義上各種心理學上的焦慮症定義不同，我想說的是一種集體無意識的慌張所導致的焦慮，這種慌張除了跟時代求快求變的特徵有關，更主要來源於，我們也被時代緊繃的弦，送達一種不快速運轉就要被淘汰的邊緣狀態。

我們努力要在最短的時間內快速解決所有問題，恨不得一切刻度都精確到秒。一旦慢下來一分鐘，都生怕自己被甩到所處群體的尾巴上。

於是我們會跟人搶車；在紅綠燈將變黃的時候加速衝過去；為了節省五分鐘去

跨越馬路中間的安全島；如果有關係可以找，就託關係走VIP通道直接通關，因為排隊要花半小時。於是我們會在機場大鬧值班櫃檯，在電話裡對著客服人員吼叫：「馬上給我搞定！馬上！」我們急急忙忙地去旅遊，匆匆忙忙地拍照，火急火燎地離去。於是我們走後門，我們送錢。

我們很急，我們很不耐煩，呼吸一口外面的空氣，都有三〇%的煩躁情緒含量。我還聽聞很多企業的文化口號都有「求快」的字眼，網際網路時代裡「快魚吃慢魚」的理念都快融入每個人的血液裡了。

這時常讓我覺得可怕，在大家都焦慮急躁的時候，是不是欲速則達，得到了想要的結果？但我看到的更多的是因為求快速、求結果，而釀成了禍端。

還沒摸清對方底細就閃婚；還沒了解公司業務就閃跳；還有一分鐘促銷活動就結束了，再不下單就趕不上這次半相送的優惠啦！

於是你嫁了一個不求上進偶爾還家暴的懶蟲；於是他發現新公司的業務分分鐘都有停擺的危險；而她終於撿到大便宜，冰箱裡堆滿了本來就不需要的食物，等過期就扔掉。

媒體報導宣揚的每個成功案例，都逃不開「快速」這個關鍵字，我牢記在心的一句話也是「成名要趁早」。可心裡煩躁的是，同樣是一個鼻子兩隻眼睛，為什麼人家能這麼快就搞定未來十年甚至是一輩子的目標？

這一切的表現和內心反應，都是因為我們被這些眼花撩亂的資訊誤導，相信一切都很容易，別人能做到的你一定也能做到，甚至還可以更快更好地做到。

我們焦躁不安，其實背後多是因為安全感缺失。

追根溯源，如果沒像我們期待的那樣完成目標，就會焦慮，這份焦慮源自內心缺少安全感，需要實現目標以填補缺口。抱持著這樣的缺失，我們常會經歷以下心路歷程：需要安全感—渴望成功和認同—拚命努力想快速完成任務—期待又快又好的結果回饋內心以獲得安全感。

好勝成魔的人大多有過無數次這樣的嘗試，一旦不能完成目標，就極有可能損害他人來獲得力量感，以填補內心，這是一種缺少安全感可能帶來的隱憂。

也正是因為我們有缺失的東西，才會產生前進的燃料，我們會積極爭取，會拚

命加快速度。這本身無可厚非，但壞的是，這種求快就像渴求羅馬能一天建立起來一樣不切實際。我雖然不是完全認同一切都要慢下來，但我想如果慢是自己的步調，那也未嘗不可。

我們之所以如此焦慮和慌張，正是因為並沒有找到適合自己的節奏，卻常忽略自身特點，一味向他人看齊，標準就是愈快愈好。

關於什麼是「找對自己的節奏」，有段關於踢球的描述我覺得非常切合主題。我們看那些非常好的球隊在踢球時，有時候快得簡直像一道閃電，但是在中場倒勾射門的時候卻是非常慢的，那是在等待時機。一個非常好的球隊，它就是一會兒快一會兒慢，把節奏調整得非常好，使得對方一直在跟著它的節奏走，這樣對方就容易亂套。所以我們經常聽到評論員說「一定要打出自己的節奏」，這句話是很對的，就是你一定要把主動權掌握在自己手裡。

我們在生活中也是這樣，有時你需要放慢自己的節奏，甚至停下來，這實際上是在調整、在修身養性、在為迎接一個「更快」的時刻做準備；而有的時候也需要快速動起來，製造先機。

在歷經近兩個月苦逼快的生活之後，我終於在這個週末偷閒出去走一走，雨後的街道乾淨又清新，路上的攤販不吵也不鬧，聊著天等待客人光顧，還有那隻我每次去都會逗弄的鬆獅犬，也依然憨萌地在那裡看著人來人往。

這一刻的感覺，不是平日快節奏生活中零星的成就感所能取代。就像小火熬湯，慢慢燉才能入味，火燒得太快太旺，只會熬乾食材湯料，什麼也嚐不到。

嫉妒是雙面刀，昇華才能成就更好的自己

一位離異的女讀者婷婷給我寫來一封長信，她前幾天看到前夫在網上po出跟現任的恩愛照片，最刺痛她的是，她跟前夫生的兒子也在照片中，一手牽著前夫，一手拉著後媽，竟然笑得很燦爛。

她旋即給前夫寫了封信，警告他不要惺惺作態，別在人前演恩愛，更沒必要顯擺現任把別人的孩子視若己出。她的言辭激烈，還不忘寄副本給前夫的現任妻子。

婷婷跟前夫離婚兩年，心情一直很低落，事業發展不順，感情上也沒有進展，她最關注的事就是前夫和她的孩子。她見兩個人不回覆郵件，一氣之下還把原文po在自己的社群空間。

這條內容收到了很多評論，有人力挺她「手撕」前任，有人勸她這又是何苦。

她問我，妳說我這樣做到底對不對？

他們畢竟曾是夫妻，說不清道不明的糾纏太多，她怎麼表達對前夫的態度都是針對二人過往嫌隙，尚且可以理解，但還要對前夫的現任惡言相向，的確有失氣

度、格局，甚至有些病態的不依不饒。

這些攻擊背後自然有正向能量在驅使著她，比如母愛。但若僅僅為了孩子的福祉考慮，這種在社交圈的公開討伐毫無積極作用，甚至會把她推向輿論譴責的風口浪尖，並不划算。現在這個時候，論對錯沒有意義，不如來看看在手撕前任表象下更深刻的心理動機。

這種明顯帶有攻擊和詆毀性質的行為背後，滿滿的都是嫉妒。

不是只有面對閃耀著光芒的明星時才會產生嫉妒，就連班上成績比你好的同學、公司裡比你業績強的同事，甚至親密到相處了幾十年的老友，都可能讓你有一閃而過的嫉妒情緒。

這種情緒的根源是，他人得到了你沒得到的東西，而你理所應當地覺得該得到的人是你。尤其當這個人跟你有關聯，或者在某些方面有相似或旗鼓相當的特質時，更容易產生嫉妒。

婷婷嫉妒的是別人得到她的前夫，甚至還跟自己親生兒子幸福地拍照，在婷婷的認知裡，這原本都應該只屬於自己。現在的她不但失去愛人、和兒子在一起的生活，事業沒有起色，感情也未塵埃落定。換了誰都會有挫敗感，都會心生妒恨。

嫉妒，本來就是件很平常的事，是種常見的情緒。在一定範圍內，不需要回避和壓抑。正是因為人類有著這種高級的情緒，才不斷推動社會進步和物種進化。

可是一旦嫉妒越過了安全範疇，就會變成你心裡的一隻猛獸，會吃掉你心底的善，繁衍出更多的惡；這些惡又會孵化出攻擊、迫害、侵犯和詆毀等等負面行為，也有人稱為「因妒生恨」。

這頭困獸會驅使你將時間、精力、情感投注在他人身上，讓你只顧忙著關注別人的喜怒哀樂，自己的人生基調都變成為打壓他人而活。從婷婷信裡就能看出，其中除了對前夫含沙射影的抨擊，赤裸地表達憤怒、怨懟的話，當然更是不在少數。

她才三十歲出頭，有本錢做出點成績，而今非但沒有發揮自己的優勢、過好自己的人生，反而成了怨婦。最可惜的是，在這個過程中她並不快樂。

嫉妒的背後是深刻的羞愧和自卑。當個體覺知到嫉妒，覺知到自身在某一方面的無能時，自卑感便如影隨形般揮之不去。

有人能利用這種自卑進化，而有人駕馭不了，只能臣服於它，停留在一個後退的階段，執著在一種消極狀態中不肯動彈。

想想孩提時代的嫉妒，或許因為鄰居家小朋友擁有一個你渴望的新玩具，你會不開心，然後呢，你會怎麼做？有的孩子選擇找其他的玩具替代，轉移注意力；有的孩子選擇好好表現，爭取讓家長買給自己的機會；有的孩子會跟小朋友商量，能不能交換玩具，分享快樂；有的孩子會選擇攻擊，把別人的玩具弄壞，或者說你的新玩具一點都不好，醜死了。

長大後，渴望的玩具可能變成優秀的個人表現、財富、情感，當再次面對別人擁有而自己得不到的時候，有人選擇在他處覓得幸福，有人選擇提高自己，有人選擇學習和交流，但依然有人選擇貶損和攻擊。

其他人都長大了，會昇華孩提時的選擇方式，沒長大的那個依然會在嫉妒出現時，退縮成孩童，繼續用破壞性的方式揮霍自己的能量。

選擇攻擊的人，都是在逃避成長，逃避面對自身的問題，而把問題嫁禍他人。因為只有這樣，攻擊才能變成保護殼，掩蓋自己的無能。

時間久了，就成了掩耳盜鈴式的自我防禦，除了你自己不願去看自身不足和問題所在，所有人都在圍觀你的笑話。

如果你都對自己的問題和人生不屑一顧，誰會願意來叫醒裝睡的你？

所以，時刻自省那些嫉妒的情感是否仍在合理範圍內，檢視標準是：它讓你變得更有力量、更積極，還是讓你每天都活在負面狀態裡。

如果每次想到那個嫉妒的人，你渴望的不是超越，而是詛咒和迫害他的人生，就應該好好重視嫉妒這件事。

一、建立正確的邊界

不要總是以為，一切都本該是你的。同事的業績好、同學的成績高、閨蜜的男朋友棒，這一切都不在你的國度裡，因為不是你可以控制的。你真正可以控制的東西才屬於你的勢力範圍，其他都是邊界以外，不需要你操心。

當你把自己的邊界無限放大，恨不得得到全世界的時候，才會覬覦伊莉莎白的王位、馬雲的財富。聽起來可笑，但實際上正是因為你覺得那些跟你有關聯，那些人所得到的一切在你的邊界之內，你才會困擾、才會滋生嫉恨。

可是原本那些嫉恨，並不該存在。

二、適度順應嫉妒情緒

對抗負面情緒會讓你產生更深刻的不安，為了減少不安，內在的防禦機制便會出動調和，極易演變成矮化和攻擊他人，以此抬高自己。接納自己也有弱點和劣勢，將自己的不足正常化，並學著客觀看待自己的優點。

三、轉移負能量

任何情緒都是有價值的，嫉妒心也是。它會產生一種衝動的能量，當你把它轉換成攻擊和詆毀，能量就跟著固定在那裡，不流動便無法成長。

攻擊是一種釋放能量的辦法，也是一種防禦方式。但並非所有的防禦方式都是負面和消極的，如果能把負面能量轉移到正確的方向上，同樣能產生積極的效應，這種方式就是昇華，這才是解決自卑的有效方式。

正確的方向就在你可以控制的邊界裡，當憤怒和攻擊的衝動無處消解時，請想想那些你買了還沒讀的書，花了錢還沒去的健身課程，以及嚷嚷著要見卻還沒碰面的朋友。

花一個月時間去琢磨他人的人生，攻擊、謾罵、詆毀，他還是那個他，你還是會嫉妒；但用一個月時間來改變自己，學習、工作、旅行，卻可以讓你成為一個更好的你，無須再嫉妒他人。

當然，如果你覺得只有像婷婷那樣公然洩憤才舒服，請準備好足夠的時間、精力去關注他人的一舉一動，並且隨時應對，也要同樣做好心理準備，也許你的怒火會讓珍惜和支持你的人望而卻步。與此同時，也要承受打壓和攻擊無法毀滅他人的可能性，因為你的言行不過是在不知不覺中頌揚了他人，貶低了自己。

這筆帳，千萬好好算清楚。

PART 2

為何有些傷，你就是忘不掉？

當你在記憶中再跟當時那個孩子相遇時，請記得告訴他，他已經成長為一個有力量、強大的人。

強大的人並非沒受過傷，而是懂得解開心結

收到兩封來信，故事不一樣，卻有相似的疑問：為什麼有些傷痛已經過去那麼多年，還是忘不掉？

第一個故事是「影子」講的。她媽媽一直是個很強勢的人，從小到大她都不敢違逆媽媽，即便是這樣，媽媽的情緒還是時不時會來一個大爆發，最狠的一次是懲罰她放學晚歸，把她趕出門去，從三樓拖到一樓，那時的她只有十歲。

如今她跟媽媽的關係已經有了很大的改善，但每次母親生氣，她還是感到害怕，好像一瞬間時光倒轉，又回到十多年前的那個傍晚，她背著書包，被母親的怒意嚇得發抖，感覺隨時會被掃地出門。

二十多歲的她已經不會被要求必須幾點前到家，也不用背著書包了，但她的人生中卻好像永遠有個隨時會響鈴的時間表，身上像永遠背著包袱，因為心裡還有一個十歲，嚇得發抖的小女孩。

另一個故事是一個叫「娃娃」的朋友，今年三十歲，家庭幸福，事業獨當一

面，處理任何事情都是不卑不亢，好像沒有弱點。

但去年發生了一件事，把她打回軟弱無助的原形。她在初中同學的群組裡說起出差的事，剛好有個在那城市生活的同學主動發起邀約。結果娃娃非但沒去，還封鎖了老同學。

她說以為自己早就忘了，十三歲的時候，她被以這個女生為首的小團體排擠，那是她最不愉快的三年。這麼多年過去了，她早遠離了這幾個人，有了新生活，沒有人欺負她，也沒有人看低她。但這次被邀請，讓她又回憶起那段不願提及的經歷，所以她憤怒、厭惡，甚至還有點擔心，見面的時候會不會慌亂無措，甚至語無倫次，她可能還會像十三歲時一樣被戲弄，只好逃避。

可能你也被家人兇過或者被夥伴排擠過，又或許你沒有，但生活中或許總有那麼一個人那麼一件事，他們的存在就是一種提醒，提醒你曾經受過的傷，提醒你曾經的無助、難過，而你無論走到哪裡，好像都無法釋懷。即已經長大成人，已經足夠堅強，處理過比這更大的傷痛，但只要面對這個人這件事，就即刻亂了陣腳。

這種憶起過往就深受其擾的情況，根源在於當時沒有即時處理。事情過去了，

但傷痛還在，因為你沒有好好表達自己的情緒，之後也沒有消化，就讓它凝結在那裡，成了一個繞不過去的心結。

我們每天都要面對大量的情緒，有的是一閃而過，有的會困擾一陣子，而有的可能會伴隨你終老。那些一閃而過的情緒可能因為無關痛癢，隨即被其他情緒代替；困擾了一陣子的情緒可能得多一些表達，或者自我消化，也會慢慢淡化，直至消失；但那些可能會伴隨你終老，時不時跳出來攪亂當下的情緒，都是因為當時壓抑或者因逃避而讓它停留在你的記憶角落。它像心房角落裡的一把刀，只要不小心觸碰，就會讓你疼痛。

影子和娃娃便是最好的例子。

或許因為當時年幼、力量弱小或不敢表達，才把這些記憶埋在心裡。影子沒有表達的是傷心、害怕；娃娃沒有表達的是憤怒和厭惡。在那個時候，她們可能透過轉移注意力的方式減少負面的情緒，或者什麼都沒有做，只是繼續自己的生活。

心理學中有一個很有趣的名詞叫做「未完成事件」，未滿足的需要、未表達的情緒，都會在以後變成其他形式來索討，而你不就是努力填滿這個空缺，不就是在

他處取得補償。未完成的永遠在騷動。

有過類似遭遇的人，可能會因為自己的弱小而自卑，並努力讓自己變得強大，強大到可以不再被人粗暴對待、不擔心自己的力量抵抗不了排擠和壓力。這個部分的自我的確成長了，這是一種昇華和自我精進；但自我的內核裡仍有一部分未被修復，未得到成長。這是因為當事人不願再回憶傷痛，而把它隱藏了起來，然而，隱藏起來不代表不存在。

當類似情境再現，你不得不去面對那個弱小的自己時，你會發現，這麼多年來自己只是精心在鍛造其他強悍的部分，但一直不敢面對脆弱的那個部分。

一、不去觸碰，就永遠會害怕

當你意識到這個問題時，都還來得及處理，別讓它伴隨你終老，因為不知道還會被嚇到多少次。現在就好好將利刃收進刀鞘，你依然能找回你的安全感。

二、自己受的傷，不必勉強合理化

就像影子，她知道媽媽不是不愛她，她們現在的關係也很好，那次的傷害媽媽是無心的。

雖然她說的是客觀事實，但這樣的說法更多是為了減少自己的內心衝突，合理化對方對你的傷害，因為只有當你認為對方帶來的傷害是必然的、合理的，才會在一定程度上減緩自己內心的痛苦。

正如很多人安慰人時會說的話：「他就是那樣的人，你不要跟他計較」、「她不是故意的，你不要放在心上」，甚至你也在內心這樣說服自己。但這種合理化的說法對處理情緒只有暫時的幫助，對於多年無法釋懷的傷害而言，只會讓你更加困惑：為什麼明明理性上已經接受，也原諒了對方，這種痛苦還是忘不掉？

所有合理化的藉口，都是在讓你逃避真實的問題和傷害，永遠不能真正解決問題。坦然承認對方確實傷害到你，它是真實存在，才可能讓你真正發自內心去面對問題，並有勇氣去解決。

處理過去傷痛的第一步就是不回避，承認你的確在當時受到了傷害，不必為傷害你的人找任何理由和藉口。

三、**修復傷害第一步：好好宣洩**

我們沒有時光機，無法穿越到你受傷的那天。但你可以透過回憶的方式，讓情景再現，雖然再次讓自己暴露在不美好環境下是很殘忍的事，但這是唯一能修復傷害的機會。

你可以回憶當時的情境，再次體會當時的感受，當你想起那些傷人的話和粗暴的對待時，你的感受是憤懣、無助、失望。即便是負面情緒，仍然有積極的意義，因為每一種情緒背後都反映你當時內心的感受。

如果有機會告訴當事人，那是最好的。如果你們現在仍然保持聯繫，不妨把當年留在你心底的感受說出來。如果你能確認你們現在的關係是健康的、有支持性的，那麼你可能會聽到對方的歉意，這也是一種安慰和修復。

即便不方便跟當事人表達，仍然可以將情緒抒發出來。你在那時那刻最想說的話、最想做的回應，可以像為自己講故事一樣表達出來。試著想像對方就在你面前，你可以表現出憤怒、傷心，或者大哭一場，甚至是指責，都可以。**修復傷害前必經的步驟，就是宣洩。**

如果你有值得信賴的愛人、朋友，也可以把他們當作傾訴的對象，傾訴的終點就是表達未完成的情緒，讓情緒不再凝結在那時那刻，得以宣洩和消化。

四、提升自己的力量

表達情緒不是目的，而是一種途徑。如果現在的你沒有成長，那麼所有情緒的宣洩，不過是暫時的虛張聲勢。只有當自己的力量提升到可以確認現在的你能應付曾經的傷害，或者能避免傷害時，才是有效的方式。

這種確認是對現在的你說，也是對當時受到傷害的你說。**當你在記憶中再跟當時那個無助的孩子相遇時，請記得告訴他，他已經成長為一個有力量、強大的人，他能處理好現在的問題和麻煩，弱小和傷害只屬於過去。**

這種確認不僅是一次穿越式的對話，當再次遭遇讓你無助、慌張的事情時，不妨想想在經歷了傷害之後，這些年，你有哪些成長和進步、你解決過多少問題、熬過了多少困難、平息了多少爭端、撫平過多少創傷，這些都是你有能力保護自己的資本。再次確認自己的力量，能讓你自信、坦然面對過去的傷害。

我們都經歷過或無心或有意的傷害，那些忘不掉的傷其實也無須忘記，它是讓你成長的一部分。我們該做的是把當時的心結解開，解除「未完成」的魔咒，把傷害轉化為認識自己的一種方式，並打造成成長的一次契機。

因為真正強大的人並不是沒有受過傷，而是能夠面對、征服它，穿過那些如晦風雨，重獲光明身。

人生是自己的，哪需要照別人的劇本

前幾天去旅行，飛機上挨著我坐的是一對母子，媽媽溫柔和善，兒子活潑機靈。因為座位接近，所以自然聽到他們的對話。

孩子：媽媽，假期結束我是不是又要去學英語啦？

媽媽：是呀，你得好好學英語，要用功，你看咱們樓下的萱萱多厲害。

孩子：可是，媽媽我為什麼現在就要學英語啊，以後上學再學不行嗎？

媽媽：不行，你看幼稚園的小朋友不都學了嗎？

孩子：為什麼他們學我就要學？

媽媽閉上眼休息，沒再說話。

但是孩子說的話卻一直回響在我腦海中，那天很勞累的我，卻沒有睡著。

是啊，為什麼別人家的孩子學英語，你的孩子就一定也要學呢？

因為「大家都這樣做」，一件事就變得正確無比，必須堅持了嗎？

由於經營粉絲專頁的緣故，我接觸到一些寫原創文章的人，雖然不太熟悉，但是會注意到他們經常被大量轉發的內容，大概談的都是如何寫出百萬點閱的文章、哪些標題更容易吸引讀者目光、或者某某某哪篇文章紅了，一旦某種類型的內容爆紅之後，就會有大批面貌相似的文章出現，趨之若鶩。

不得不承認，這是多數「自媒體人」都在關注的事。別人寫什麼紅了，我也一定要寫嗎？那樣的內容就一定有價值、有意義、必須仿效嗎？

我想起耶誕節前夕時，同事發愁該送女朋友什麼禮物，於是到處打聽周圍的人都送了什麼，想當作參考，還有人要他上網搜尋一下，一定會有想要的答案。

別人都送的禮物，他的女朋友就一定會喜歡嗎？有很多人買的東西，就一定適合你嗎？

我在飛機上迷迷糊糊間想起了這些片段，雖然說的是不同方面，但似乎又是同一件事：**很多人都照著別人的劇本，過自己的人生。**

從小，我們在無形中就被教育成一個從眾的人，一個要經常把眼光放在別人身上的人，一個害怕被群體丟棄的人。

不知道為什麼要學畫畫學音樂，但一定不是因為自己喜歡；不知道為什麼讀大學選科系的時候選了資訊或是金融，好像只因為幾個遠房親戚都學了這門專業，畢業後前程似錦。

後來，我們自己也不知道自己想要什麼了，或者我們懶得思考，彷彿遵循大多數人選的路就對了。如果恰好某一條路上有些人走出了一點成績，將會有更多門徒出現，虔誠朝拜，一路追隨，只是沒人問為什麼。

我看著路上身穿黑白灰的人們，大概明白了這個道理。跟多數人保持一致，便容易把自己隱藏起來，不突兀也不奇怪；如果一身紅衣走在其中，便特別顯眼，也容易招致議論，你可能承受不起被議論的風險。跟多數人同行在同一條路上，心裡便多了幾分安全感，要是這片天塌了，還有個子比你高的人頂著。但是如果選了另一條少有人走的路，若是前方來了敵人，你怕自己和路上寥寥無幾的同伴會招架不住。

這是很多人內心隱藏著的邏輯：大多數人都選的，應該沒錯。即便真理沒有掌握在多數人手中也沒關係。**人們不需要真理和思考，需要安全。正是這種安全，會讓你丟了自己，同時還損失活著的樂趣。**

如果你按照別人的劇本去演自己的人生，何必要生出一個你？已經有人去體會那種人生中的喜怒哀樂，何須你再體會一遍別人嚼過的滋味？你的行動和言語的理由裡，有千千萬萬個他人，卻唯獨沒有自己的想法和判斷，因為你已經把自己的聲音淹沒在別人的對白裡。這就是丟失了自己。

人生的樂趣不就在於多樣性和個性化嗎？在不損害他人的前提下，滿足自己的需求，跟從自己的決定，去探索、發現、體驗這奇妙的人生。

要是跟隨別人的選擇恰好適合自己，倒也還好，最怕的是你彆彆扭扭地把自己塞進了別人的戲服裡，不合身又不自在，到頭來沒取悅自己，還貽笑大方。

做人做事都要量體裁衣，穿著人氣最高的款式，未必能過好自己的人生。

別讓從眾和別人的生活毀掉了自己的可能性。就算有一天你有了「情非得已」，有了「萬般無奈」，已經走上那條跟隨別人的路，至少今後，當孩子問起「為什麼別人做我也要做」的問題時，不要沉默，給他一個答案。當然，更好的方式是，別讓他問出這樣的問題，讓他勇敢做自己。

曾有一次走在大街上，陽光正好，街邊跑來了一隻流浪狗，渾身髒兮兮的，跑到正帶家裡小朋友出來曬太陽的媽媽面前。小女孩很開心，笑著跳著想用手去摸小狗狗，我以為這位媽媽會一把把小朋友拉走，或者叫她不要摸狗狗，說狗狗很髒，摸了會生病。

不料，這位媽媽說：「寶寶，妳的手很髒喲，不要去摸狗狗，狗狗會感冒的。」我的心被溫柔了一次！

分手以後，美好請留在上一季

轉眼已經進入深秋，依然看見有人穿著短裙瑟縮在風中，不合時宜的裝扮總是讓美感大打折扣，就好像酷暑時穿著高級訂製的羊毛大衣，美是美，但是讓人一頭霧水。季節已經更替，就應該早點整理你的衣櫥。

「上一季的衣服該收了」，正當我這樣想時，收到一位朋友的訊息：「我想讓我的前女友離婚，然後追求她，跟她在一起。」

在多數人都趕緊換上當季衣服禦寒取暖時，我的朋友就像深秋裡依然穿著短裙的女孩，不顧現實變遷，執意要挽留上一季的人生狀態。或許對他來說，和前任再續前緣這件事，也像打開衣櫥拿出上一季的衣服一樣，唾手可得。

然而實際上，追回前任不但難度超高，也未必適合當下。上一季的戀愛就應該交還給過去，上一季的人離開，就已經跟你無關了。

我這位朋友想必是人在蕭瑟秋天，心卻停留在繁盛夏天，身為單身漢，心裡卻住著一位舊情人。

他們的戀愛故事跟每一對分手情侶的經歷差不多：相識—相知—曖昧—戀愛—矛盾—爭執—分手，差別只在於個性化的起承轉合。這段愛情故事的結局是，女方不肯留下而男方堅決不走，最後只能一路奔向分手的終點。

其實雙方都已經盡了最大努力維繫這段關係，卻仍舊走不到下一季的劇情，那麼能讓感情善終，也不失為一種最好的尊重。

但現在，我的朋友在溫暖的房間裡又想起前任，曾經的點滴溫存又讓他心思蕩漾。得知前任決定回來發展，他便以為過去難倒一對鴛鴦的難題已經迎刃而解，抬起頭來好像前途一片光明，天都亮了似的。

我問他，前任回來跟他有什麼關係？他說這太明顯了，當初愛得死去活來，就因兩地奔波才結束戀情，現在兩人身處同一座城市，不就是最強的復合信號嗎？

我還能說什麼？當他覺得可以再重拾前緣的時候，便會覺得一切都是信號。她傳訊息告訴他要回來是信號，她偶然透露跟老公鬧彆扭是信號，就連恰巧看到一部圓滿結局的愛情電影都讓他覺得是信號。

當人們對一個憑空產生的想法信以為真時，說什麼都沒用，因為他會覺得全宇宙的一切力量都在處心積慮發出邀請，所以他相信義不容辭得去驗證這個想法。

這個感情空窗三年又對前任充滿內疚和眷戀的男人，難以控制住這個看似很誘人的衝動，我猜手機那一頭的他一定是一副摩拳擦掌、躍躍欲試的樣子，滿眼都是希望和憧憬。

為什麼還要把她拉回你的生活呢？為什麼要打破平靜節奏而去追求複雜呢？朋友說他自覺對不起前任，當初對她不夠好，說過的諾言沒兌現，現在感覺她過得並不好，都跟自己有關，所以想嘗試重新開始，讓她走出陰霾見見陽光。

說千道萬，各種荒唐的理由都是「只為她」。

聽什麼都別忘記聽「弦外之音」，一個人沒說的話，往往比他說了什麼更重要。口口聲聲為了別人，其實不過是想滿足自己的需求。

他需要的不是事實，不過是這樣一個動人的故事而已。因為現實冰冷，前女友已經用自由意志決定終結過去，嫁人後搬遷，他再無彌補過去缺憾的機會，也再無改寫人生的可能，如果不釋懷，就只能帶著這些過去踽踽獨行。但如果真有可能舊情復燃，老來兒孫在側時也多了一則傳奇佳話可講。他盤算了一下，決定再打開衣櫥，找尋上一季的衣衫。

我的朋友就這樣在一個寒冷的秋夜，於千里之外，巧取豪奪了他人的自由選擇。他是否知道，也許前任回來並不是為了他，只是跟現任決定有更好的築巢之地；他是否知道，告知他這個消息，也不過是出於一點禮貌和客套；他是否知道，她的人生正在上演的，早就是一部新的劇集，與他毫無關係。

他從一廂情願的那一秒開始，就已經輸得一敗塗地。

一切只因他仍然沒有走出過去的影子，把自己未完成的心結投射在前任身上，無意識地強迫戀舊，還心有不甘。

沉浸在過去，不甘心的不只他一人。我有一位瘋狂的女性朋友也是。她已跟前任分手一年，還堅持不懈每天期待他的po文更新，更可怕的是，她能把這一年來跟前任有所互動的好友都了解得清清楚楚，甚至還從他們的聚會照片中發現，前任跟哪位異性已進入曖昧狀態。

前一陣子她甚至跟我說，前男友因為腸胃不好最忌諱吃麻辣火鍋，這一個月裡，他竟然去吃了兩次；或是他以前看不慣我信星座運勢，現在竟然轉發了水逆訊息，還評論有道理。諸如此類。言語背後滿是不甘和疑問。

為什麼跟她在一起的時候他不肯為她改變，而現在卻成了另一種樣子？為什麼他不曾把她的話放心上，現在卻俯首貼耳贊同別人相似的言論？

前任已邁開大步去擁抱新的人生，唯有你還在用過去的戀情苛責現在的自己。

無論他現在是喜是悲，無論他將來是成功還是落魄，都已經是他一個人的事，是他和別人的事，至少不關你的事。

我們的生命中就是有那麼一群人，他只在你人生的一小段時光中來了又去，不必肩負與你廝守一生的命中注定。無論他們是誰，只要離開，就已經定格成為上一季的人。別讓生活的鏡頭總停留在與己無關之人的頭頂，你演的是你的人生。

那麼關注舊人的你，也請想想如果自己生活在別人暗中的窺視之下，是否會覺得舒適自在；想再重來一次的你，也請考慮別人是否消受得起這份熱情。

我有過相似的經歷，年少無知時傷害過他人的真心，雖然是無意所為，但仍然說服不了自己忘記曾經。好多次想主動聯繫，講講當初那麼倔強究竟是為了什麼，哪怕只是對他說句抱歉也好。我總覺得，我欠他一個交代。

感謝命運讓我們再次相逢，我激動得像是找到了失散多年的親人，拉著他話說從頭，講出當年沒能說出口的話，還關切地問了他這些年的經歷。那種感覺真的太奇妙了，有不吐不快的興奮，有抒發情感後的釋放，有表達愧疚之後的輕鬆……。

對於我的滔滔不絕，他只是靦腆地笑著，有點窘迫，又有點尷尬，最後輕描淡寫地說：其實，我真的不需要知道這些……，妳也不用記掛我，妳好好過就好。

就是這句話點醒了我，讓我意識到我從來就沒真正想過，他是不是想再見到我，是不是想聽我說點什麼，是不是還在意那些曾經。我只是一廂情願希望能表達自己沒表達過的，不是為了他，而是為了讓自己心裡能好過一點，不再會於午夜夢回時感覺揪心。

那天之後，我終於明白，分手就已經劃了一條界線，一邊是上一季糊塗又冷酷的我，和執著多情的他；另一邊是我的未來和他的未來。那一邊就應該留在那裡，不管是上一季的自己還是別人，都沒有資格再來牽絆這一邊的未來。

夏天再長，終會轉涼，也許是時候做一些換季準備了，與其緊緊抓住過去補償他人，不如花點時間關照好自己的人生。不打擾，已經是最大的溫柔。

童年會傷人，怎麼做才能走出陰霾？

一個總是無法建立穩定戀愛關係的女孩來向我求助。

她經常感到壓抑、焦慮，且情緒不穩定，總是在親密關係中感覺不安，分手後感覺不捨，迷迷糊糊投入下一段戀愛時，又在心裡糾結想跟前任復合。工作和生活狀態也依循如此模式。她的自我評價很低，遇到問題時總是習慣性自責，即便是跟自己沒有關係的事，也會感到內疚。

她深感困惑，也覺察到自己的問題跟原生家庭有關，所以有時候會怨恨父母；但狀態好的時候又會覺得，這並不是家庭和父母的問題。

問起早期童年經歷，她的確成長在一個變故多發的家庭環境。父親脾氣不好，經常跟母親吵架，連帶也影響到自己。有時父親會將無名火發洩到自己身上，有時又會莫名很溺愛她。母親因為跟父親關係不好，一直處於低落情緒，有時會在她面前落淚、抱怨，甚至也出手打過她。父母要務農，特別忙的時候會把她送到親戚家生活一段時間，於是，整個童年她一邊承受著父母的暴力對待，另一邊又因時常寄人籬下而缺乏安全感。

一個無處安放的動盪童年，就這樣一直背負著直到成年，讓她心裡無法釋懷。她眼神看向別處，聲音有點顫抖，怯懦地問我：我的問題是不是跟原生家庭、父母有關？

怎麼會跟那麼惡劣的成長環境沒有關係呢？缺乏安全感、情緒波動大、處理不好人際關係，這些都是童年創傷未得療癒在成年後的表現。

依照這個女孩的描述，她可能是典型的創傷後壓力症候群（PTSD）。童年時受過精神創傷，導致成年後出現延遲的一些心理問題。這樣的例子絕不是個案。

一般來說，PTSD通常發生在重大創傷事件之後，例如地震、火災、車禍、死亡等，但由於兒童的身心尚未成熟，在認知體系不健全，也沒有豐富情感體驗的狀態下，來自家庭的各種負面經歷往往也會構成嚴重的創傷。很多人即便到了耄耋之年，也未必能躲過PTSD對自己的破壞性影響。

童年創傷是近乎於毀滅性的、最難治癒的創傷。一旦觸碰，就像開了閘門的洪水，它可能會釋放出憤怒、羞恥、怨恨、疼痛等很多負面感覺，一齊衝擊你的心房，甚至吞噬你的人生。

這並非危言聳聽，七年的心理諮詢工作中，有超過八〇%來訪者的問題，都與原生家庭有關，即便有的並不如前例那般殘酷，但有些小挫折沒處理好，也會阻礙成年之後的個體自我成長。

當然，也不乏能夠自癒，或者能在成長過程處理好創傷的厲害腳色，但是如果你不那麼走運，經歷過不太愉快的童年卻又無法忘懷，那麼這可能是你面對自身問題的一次契機。

儘管童年創傷很難治療，也不代表長大後的我們注定無能為力。就算不進行心理諮詢，也可以了解一些能幫自己走出童年陰霾的方法。

一、理解為什麼會帶來創傷

家庭是我們成長的第一站，是我們最初接觸世界的第一印象。那時的我們還年幼，對多數資訊都是被動接受，還沒有成熟的三觀，也難以分辨及判斷事物，周遭發生的一切，對於當時的我們來說都是難以理解的。

即便是再早熟的孩子，也不過是處在似懂非懂的狀態。我們能看到的最直接、最客觀的東西就是結果，那可能是父母對你的暴力、冷漠、忽視，也可能是他們的爭執、分裂。很遺憾，即便現在的你能自圓其說解釋過去的所有事情，但也不得不承認，當時的你需要依附像父母這樣的成年人。

所以，不必去糾結為什麼明明是那麼簡單的事，卻帶給你難以想像的衝擊和創傷。那時那刻你只是個孩子，你還難以用理性去理解和判斷，為自己趨利避害。

二、記住，這不是你的錯

在我們還未發育至能好好判斷這個世界時，看到父母莫名發火，或苛責我們「沒用」，甚至動手體罰，都會讓我們自問：「到底發生了什麼事？」或者自責：「一定是我不乖、我不好，他們才會這樣對我！」甚至懷疑：「爸爸媽媽是不是不喜歡我，我還應該喜歡他們嗎？」「為什麼別人家的孩子沒有被打？」

種種內心對話，可能會在你腦海中不停重播。讓你漸漸形成，「一切都是我不好，都是我造成的」，或者是「我不值得他們喜歡」這樣的深刻感覺。

這些感覺可你能從未說出口，但在潛意識裡，你已經把自己判定為一切問題和煩惱的始作俑者，你是個罪人、長大後不敢愛人，不敢信任別人、總在遇到問題時第一個道歉，儘管根本不是你的錯。

而今，你可能還在內心深處不斷強化這種歸咎方式。你羞於承認都是父母的問題，好像這樣說就顯得不孝；你試圖合理化父母的種種行為，因為他們是你的親生父母；你害怕承認這一切是他們的錯，因為在你的內心深處，父母就該是完美無瑕、神聖、時刻都正確的形象。

可惜，這一切只是你的想像。

他們也許未必有你想像的那麼好，你心裡的那個父母形象，只是你自己內心投射出的客體（父母）形象。因為各種社會道德倫常所帶來的壓力，你想要在內心中保護他們，不肯承認父母的錯誤和問題。

今天我想說的是，**這一切並不是你的錯，不怪你。你不是惡魔，你的父母也並非你想像中那般永遠正確，請敢於承認他們確實對你造成創傷，而有些創傷確實是無法原諒的。**

三、嘗試表達出情緒

很多創傷性的體驗深刻到會影響我們的人生，並可能愈演愈烈，多半是因為我們沒有及時整理創傷帶來的負面情緒。

在兒童時期，我們被打罵、被忽視，甚至還目睹過父母大打出手，這些記憶可能會時不時地在心裡倒帶重播，也就是在我們成年後某個時刻會再次被回憶起來，而每次回憶時依然痛徹心扉，難以釋懷。這正是PTSD的表現之一。

如果在我們經歷創傷之後，未表達出這些情緒，就會牽動著那時的負面經歷，並且不受控制地頻繁出現。累積到一定程度時，這些情緒就會試圖找到其他出口釋放出來，且往往並不是在適合的時機。

回憶一下，你是否有這樣的經歷？

不過是女朋友不讓你看球賽，你就大發雷霆；不過是孩子考試沒考好，你就怒不可遏想要拳打腳踢……。你其實是想對誰發脾氣？你到底想給誰臉色看？你到底是想向誰證明你比他強大？

這些看似無名之火，根本沒必要的怒氣都是來自哪裡？冷靜下來，你也覺得真的不至於要如此生氣，但卻搞不懂為什麼總是這樣？

其實追根溯源，這些忽然迸發又難以自控的強烈情緒，源頭恰恰就是你童年經受創傷後那些未曾表達過的感受，它們經年累月持續增長，偶爾爆發嚇你一跳。

如果可以找到你信任的人，在心平氣和的時候表達出童年的創傷經歷，能在成年後把當年因膽小不敢表達的體驗全部講出來，將會是一種大有裨益的情緒疏導。當然，也可以安排心理諮詢，除了能疏導情緒，更有利於療癒創傷。

四、與創傷共生

前面也提到過，兒童時期所遭受的創傷，是最難治療的一種，如果不接受專業的心理諮詢，只想自己幫自己的話，過程可能更艱難。

在這個過程中，要注意最重要的兩點：一是正常化；二與創傷共生。

正常化，也就是接納自己的現狀，不因為出現不良情緒而苛責自己。當你一想起不愉快的童年經驗時就會抑鬱、低落，這是很正常的反應，就好像感冒時會鼻塞、流鼻涕一樣。

在抑鬱或焦慮的時候不斷對自己說「這很正常」，「這只是童年創傷後壓力障礙，總會過去的」。當你能夠接納這些正常反應，而不是每天用「我為什麼會這樣」、「我不應該這樣」來判斷自己，就是很重要的一種成長。

即便是沒有經歷過創傷的人，也不可能一直處在積極的情緒中，同樣會有情緒波動，並經歷人生低潮。人生本來就不可能完美，即便我們無法徹底讓傷口癒合，依然還有其他選擇，我們還可以與創傷共生。帶著傷痛和障礙努力生活，這一點就足以讓你有別於那些坐以待斃的人。

冷暴力是人性，理性溝通就能化解

最近在一部韓劇裡看到了生活中熟悉的情節。

女主角早上起來第一件事，就是查看手機有沒有電話和訊息，如果發現男朋友沒有聯繫，就會很失落。接下來的一天，幾乎是每隔幾分鐘就看手機，沒有消息、沒有電話，什麼事都做不下去，甚至會懷疑是不是電話出了問題、網路中斷、或者是不是這個男人出了什麼意外。實在按捺不住焦急的心情，就主動打電話過去，男主卻輕描淡寫地說一句，我在忙，便匆匆掛斷電話。

你有沒有經歷過別人對你的冷漠對待？你有沒有在一段人際關係當中，莫名其妙地從熱情高漲狀態瞬間跌落到冰點？你有沒有體會過那種並沒有發生什麼實質的改變，但對方每一個反應都像當頭潑下一盆冷水，讓你瞬間打起寒顫。

那些突如其來的身體暴力，可能會瞬間調動你的防禦機制，讓你進入戰鬥狀態，你知道要躲避、抗爭；可是面對這種精神上的冷漠和輕視，多數人都很難接受，你會覺得茫然失措，想知道對方究竟怎麼了，而你又該怎麼辦。

冷暴力無處不在，家庭、工作場所和學校裡，尤其在婚戀關係當中，會出其不意地破壞親密感，甚至是你自己建立起來的自尊和自信。

不回覆訊息、不接電話、或者回應非常冷漠、不主動聯繫、找各種藉口拒絕交流和見面，面對你的質疑和詰問都毫無反應或者敷衍了事，甚至反脣相譏把問題都推到你身上……，這些都可能是精神施暴的表現，大多是因為新鮮感耗盡引發的冷暴力。

很遺憾，沒有任何情侶能永遠處在熱戀中，激情和新鮮感燒完之後，倦怠自然會襲來。甜蜜激情期恨不得能每分鐘膩在一起，什麼個人空間、私人生活都不重要，好像一切都可以為戀愛讓路。但是人性使然，我們終究沒有辦法一直持續這種如膠似漆的狀態，而是當走到一個高點時自然會降落。

冷暴力就屬於在戀情退燒後急速下降的併發症，會厭倦、感到無趣、回避之前的親密，想要回歸到私人空間。有的是基於客觀原因，不得不重新打理之前因戀情被冷落的問題或工作；有的是主觀上想要重新爭取一些私人時間，好好整理自己的狀態。

如果戀人跟你說，「我想自己待一段時間」，或者「最近減少見面」，多數人的反應會是追問不休：「為什麼會這樣？怎麼了？出了什麼事？」或是「我哪裡做得不好你才不想見我？」如果對方告訴你並沒有特別原因，只是想獨處，似乎又不太合理。

每個人的適應曲線都不一樣，就連急速出現熱情又瞬間冷漠下來的人本身，也很難控制自己的狀態。他們可能需要獨處但又擔心直白的表達會讓對方產生誤會，只能回避、閃躲，或者用忙碌當作藉口。

遇到這種情況，被冷落的一方當然也有解決辦法。

首先，充分地理解。

可能你還處在熱度之中，但對方先冷卻了下來。每個人的節奏不一樣，不是考試結束鈴響，總有一個人可能會先一步從激情狀態中探出頭去呼吸新鮮空氣。請告訴對方，你能理解他的變化，你願意給他時間和空間去面對自己的心情。

其次，給對方一段留白的時間。

我們可以在這段調適時間裡重新認識自己、覺察關係，冷卻正是去調整節奏的時機。冷漠的一方可能並不會有計畫、有目的地去做什麼，只是像原來一樣做些看似平常的事。

這些看似平常的事卻往往承載著一種延續的意義，是一種讓人意識到仍然有延續獨立空間、延續相對私密個人生活的可能性。人人都需要透一口氣，即使是在戀愛中，也不該被束縛。

再次，也給自己一段獨處時間。

你同樣也需要一個機會重新審視熱戀中的自己、你們的關係以及未來。甜蜜期的情侶大多是相看兩不厭，這時很容易只放大對方的優點，出現持續高燒不清醒的狀態，但這麼一來也會讓接下來的相處暴露更多問題。問題不是不曾出現，只是被激情蒙住雙眼的人們看不見。

趁著獨處的時間，去思考在接下來的相處中有哪些自己要注意的、要改變的事，以及對對方的期望和要求。同時，適應戀愛中的獨處狀態，並且努力去完善自己。要記住，你最應該關照的是自己，而不是把全副心思時刻放在對方身上。

最後，適度溝通和見面。

冷卻不代表斷了聯繫，適度溝通是很重要的，可以表達關心、問候，生活上必要的交流也可以照常進行。獨處期間不代表就不能見面，但要相對提高見面約會的品質，不要為了見面而見面，也不要見了面卻無事可做，這樣只會讓彼此更疏遠，戀愛談得沒有意義，同時也會讓對方更想回到獨處空間。

如果順利，可能不需要刻意做什麼，兩人自然而然就能回歸到正常的戀愛生活中，可能你們會比熱戀時見面少，但變得更有節制和規律，相處的品質更高；如果冷淡期稍微長一些，你也可以選擇理性跟對方溝通你所意識到的問題，以及你們改變現狀的解決方案。

總之，面對這樣的冷暴力，你先要過好自己的生活，並傳遞給對方你也過得不錯的信號，在調整期反省你們的關係和你自身的問題，用理性好好溝通。

當然，在這期間也有些事是堅決不能做的。

一、別急著下定論

多數人遇到冷暴力，腦子裡一定都堆滿問號，問號疊加起來會讓你愈來愈困惑，你需要去驗證各種假設：他為什麼不聯繫你了？他以前不是這樣，為什麼現在會這樣？

你沒有線索，只靠思辨會簡單地一刀切，認為不是他的問題就是你的問題。很多人會在這時候有兩種表現，一是朝內的自責，認為是自己不夠好；二是對外的責難，認為他不愛你了。

一旦產生這兩種想法，你都不會快樂，自責會讓你悶悶不樂，整天懷疑、否定自己，把精力和時間浪費在自我否定上。你會對自己產生更多的不自信，這樣的狀態恰恰驗證了這段時間的自我懷疑。「原來真的是我不夠好」，長此以往，一再惡性循環，便很難再重建自信。

責怪他人不再愛你，會讓你感到憤怒、傷心，有時會忍不住爆發，朝對方發脾氣或質問，看起來像是要討個明白，但只會讓對方感到莫名其妙，覺得你在無理取鬧。「我不過是想要一段獨處的時間，我現在也很心煩意亂，你還要責難我，甚至上升到愛不愛的問題。」這樣的行為完全是在把雙方關係推向懸崖。

所以，千萬不要輕易下結論，時機未到，你現在要做的就是接受戀愛關係必然會出現這個階段，同時過好自己的生活。想要的答案，時間會給你。

二、不要以冷制冷

像我這般剛烈的人，若是遭受冷暴力對待後，其實會比較難以接受。有時一種破壞性的想法會油然而生：「你這麼對我，我也會這麼對你」、「你不理我，我更不會理你」，甚至當對方破冰想主動接近時，還會有一種報復心理：「你現在想理我，我還不想理你呢。」

如果你真的不想再跟對方發展關係，只想圖一時之快，那麼大可以這麼做。但如果你還想平穩走過過渡期，跟對方繼續往前發展，請千萬不要以冷制冷。記住，**戀愛不是較量，而是一種配合與協調。**

冷處理是為了解決問題，繼續溝通；冷暴力是一種懲罰，是終止溝通。不同的處理方式將導向不同的結局，務必慎重考量。

三、別故意說氣話

有些人會借各種社交平臺來展示自己，希望引起對方注意，打破冷漠狀態。

比如，在網路上的私人空間過分展示生活狀態和表露情緒。可能是證明自己現在過得特別好，好像比熱戀時還要好；要不就表現得淒淒慘慘，好像沒有對方活不下去。這兩種表現都太過火，確實能讓對方注意到你，但也只會引起對方反感。過得那麼好還談戀愛幹嘛呢？會讓對方感覺不到你需要他；過得不好也只會傳遞出消極情緒，對方會進一步聯想到你的缺點，和你們相處不愉快的經歷。**不要說過分激烈的話，比如「一個人更精彩」、「沒有你我過得更好」這樣戲劇性的話，會傷害對方的自尊心，適得其反**。正確做法是表現得儘量如常，而且積極，讓對方安心，認為你能處理好問題。

前面說的都是因為新鮮感耗盡引發的冷暴力，是比較樂觀的情況。但是冷暴力也可能有惡性的結果，那就是對方放棄了這個關係。

有兩種情況也會導致冷暴力出現：第一種是想分手又不知道如何說出口，只能冷漠並拖延，等著你忍無可忍主動說分手；另一種是有了新目標，但還處在不確定狀態下，於是把冷淡留給你，把熱情給了別人。一旦跟另一位曖昧對象有了實質進展，他會立即發給你好人卡。現在不挑明，只是想留一個退而求其次的選擇。

如果對方的冷暴力持續一個月以上，你主動示好和改善關係都得不到回應，基本上可以考慮放棄這段關係了。

實施冷暴力的男人其實最軟弱，他們的目的就是希望藉此逼迫女人自行離開，同時塑造自己的「紳士」形象，這樣一來，不用承擔任何道德和經濟上的責任，也不會落得「始亂終棄」的壞形象。

不愛了不是最讓人痛心的事，而是不能嚴肅看待這段關係、尊重彼此，反而以傷害他人的方式作為結束。這種情況下，再怎麼積極主動或顧全大局也很難挽回。沒辦法，戀愛也需要運氣。你要做的不是苦苦等待最終的宣判，而是在解決問題未果的情況下，主動提出分手。

從心理感受來講，主動做出選擇要比被動接受選擇好很多，尤其是當問題是由對方所造成時，主動原諒會表現你的大度，主動分手也會比對方更有餘地。

大部分的人其實很難把握戀愛中的節奏和尺度，我們不是電視劇裡的心機女，也很難在戀愛中運籌帷幄，或者提前布局做到寵辱不驚，就更別提在戀愛中還想著之前學到的「撲朔迷離、若即若離」了。

戀愛並不是學了一身本事，就一定能輕鬆駕馭，有時我們需要一點運氣來遇到那個對的人，更多時候是把握好自己的理性，該愛的時候愛，該清醒的時候清醒，該離開的時候離開。

你努力變得更好，就是為了找個人將就？

你想過自己可能會孤獨終老嗎？

雖然以前插科打諢也自嘲過，可是當我有一天在飯桌上認真提問，朋友也認真回答後，我覺得這個話題真的值得思索。

他的回答是：可能。

是啊，晃蕩到快三十的年紀，相扶到老的那個人可能還沒出現，未來會不會出現也仍然未知，按照機率來推測，真的有可能孤獨終老。

大家都挺著急的，身邊多數人都開始談婚論嫁，也不乏已經生了娃娃的辣爸辣媽。跟未婚甚至是單身的朋友們相聚，總覺得大家頭上都籠罩著一團烏雲。這片烏雲是一種群體性的焦慮，隨時可能凝結成淚雨，從每個人的眼中流淌下來。有些人等不及了，面對三十歲的關口，信誓旦旦地說一年內一定成婚，壯志未酬誓不休。

我的一個姐妹便是，跌跌撞撞多年的一場戀愛無疾而終，頂著來自多方的壓力後，終於在相親大軍裡殺出一條血路，遇到了一個「可以結婚」的男人。痛飲慶功酒時，她一臉苦惱地說，男友無非是個能一起過日子的人，各方面條件都很一般，談不上喜歡，只是不討厭，兩人也沒什麼可以深入交流的話題。相處下來只覺得對方很老實，兩人歲數都不小了，就當互助解決難題吧。用她的話來說，叫做「湊合著」。

我語塞，不知道該恭喜還是沉默。心裡有個聲音在問：**妳這麼努力變成更好的自己，就是為了找個人將就過一生嗎？**

從小爸媽教育妳尊老愛幼；青春期時自我意識萌發，別人蹺課妳仍勤奮讀書，年年拿獎學金，並且積極參加社團活動；步入社會後妳也從來不輸人，別人早就慶幸不必再讀書，妳卻仍然熱愛吸收新知、不斷提升，甚至還學做飯、跳有氧、學化妝、研究電影、話劇、熱愛旅行，妳從沒放棄過成為更好的自己，更堅信要創造美好的生活。

妳對自己的標準從來都不是將就，對生活的要求也從來不願湊合，可是在婚姻大事面前卻低了頭。選擇一個不愛的人攜手一生，午夜夢回真的甘心嗎？

雖然我不認為妳那麼努力就是為了找到更好的丈夫，可是那麼優秀的妳難道不值得更好的人、更好的生活嗎？

這個「更好」不一定要量化，但至少要某方面能有共鳴，在同一水平線上對話和交流。

如果彼此在各方面的差異都不小，妳是否想過，除了婚姻這層法律關係以外，你們能滿足對方什麼樣的需求？

我不是讓妳做什麼權色交易，只是任何一種關係的本質，無非都是滿足彼此的需求，才能聯結成一條緊密的紐帶。如果有一天不能在婚姻關係裡滿足與被滿足，這條紐帶就會鬆開、消失。

也許妳說沒什麼需求，只是因為愛情。可是愛情本身也是一種需求，妳愛他、他愛妳，彼此填補需求的空白。**如果連愛的需求也沒有，那麼妳這麼著急走進婚姻，僅是因為社會、家庭和內心的壓力嗎？妳可以暫時掩蓋內心的真實需求，可以壓抑、可以延遲滿足，但妳是否能堅持這樣走完一生？**

在我看來，無法溝通的婚姻只會帶來自我貶損的挫敗感。除了柴米油鹽醬醋茶等瑣碎事，如果沒有精神交流，不過是一輩子的合法性伴侶或利益共同體罷了。

我們這一生，遇到愛、遇到性都不稀罕，稀罕的是遇到「了解」。如果他無法理解妳的審美觀或思維邏輯，即便日夜廝守，也會讓妳覺得孤獨吧。

這真的就是你要的婚姻生活嗎？

也許有人說曲高和寡，難覓琴瑟和鳴，這樣的人太難取悅，那又是另一回事了。如果是有意為了雙方和婚姻努力營造相同的境界，自然是極好的。但問題在於，他真的想過取悅妳嗎？

也許妳覺得這是人生高度的問題，當然不能強求每個人在各方面都跟妳保持相當的高度。但只怕他寧願安於現狀。

真心想對每一位努力成為更好的自己的人說，與湊合、將就的婚姻相比，自給自足、樂得其所的孤獨終老沒那麼可怕。我不是鼓勵任何人不婚、單身，只是在婚姻之前必須好好思考：這個人真的是你要的嗎？真的適合嗎？這段婚姻已經慎重考慮過了嗎？

可能我說的都是錯的，如果你選擇豪賭，我也為你祈禱，願你選擇的永不過失。如果你要，你會得到。

給不了你現在的人，也給不了未來

我從沒見過一個備胎能收穫圓滿結局，即便是成功轉正，也不見得如意。

朋友A在一次聚會上認識了他的真命天女，讓他相思成疾，夜不能寐，可惜女神已名花有主，但朋友左思右想後還是決定對女神告白。

女神沒拒絕也沒發好人卡，只是說：我暫時還不能做決定。這句話簡直就像免死金牌一般重要，證明敲開女神的心門仍有機會。A以為跟女神的關係就像剛播下的種子，只要時機一到就會破土而出，長成參天大樹。

這是一個備胎的春天，騷動難耐，希望滿盈。

朋友B那時正跟女神痴纏，女神的正牌男友外派出國一年，女神孤苦無依，大小事都會找B幫忙，今天修電腦，明天上超市，他們之間就跟一般情侶無異。B保持著熱情如火，像一隻隨時待命的免費召喚獸，只要女神勾勾手，他就像踩上風火輪似地隨傳隨到。

這是一個備胎的夏天，熱度升溫，持續投入。

朋友C更像心上人的閨蜜或知心姐姐，只要心上人跟女友吵架，無論夜多深，她都會第一時間出現在心上人身旁，聽他傾訴、給他安慰，還時不時指點他如何討女友歡心。她成熟理智，不會貿然進攻，更不會冷卻對方，總以為有一天心上人會發現最適合他的人正是默默守候在旁的自己。

這是一個備胎的秋天，冷靜克制，濃情漸淡。

朋友D在跟男神對壘幾回合後敗下陣，男神都換了兩任女友卻未垂青於她。D心灰意冷但還不至於徹底絕望，她依然會關注男神的動態並發出微弱信號，有時是點個讚，有時是一句看似不經意的節日問候，她像隻追捕獵物卻永遠無果，陷入慣性無助的困獸，放棄了進攻，但仍會守株待兔。

這是一個備胎的冬天，荒蕪心田，瀕臨觸底。

春夏秋冬，四季輪回，**所有備胎的終點都是指向寒冬一般殘忍的自輕自賤**。但仍然有人奮不顧身，以為自己能夠不在乎得失，即便得不到也願意身旁守候。在喜歡的人的人生樂章裡，你目前還不是主打歌，但你還想做B面第一首，至少能得到一點自我安慰的存在感。

這種不求回報的守護的確值得推崇，但並不意味著這樣的付出，愛情就會多看你一眼。

若真是天造地設、命中注定的一對，根本無須費盡周折；若是緣分尚淺，需要努力多修幾分，那你這般付出也總有個出頭之日。可是你守候的那個人並沒有，一會兒好像把你捧在手心，一會兒又把你拋出老遠，給人希望，又旋即叫人絕望。也有那麼幾次，你就要徹底認輸了，就要承認自己得不到了，可是她一個嬌滴滴的撒嬌，就讓你又心甘情願跑回溫柔陷阱中。

這個溫柔陷阱就是她無意識中設置的心理遊戲，玩法就是追逐，而且只能有一個追逐者。你在後面窮追猛打時，你喜歡的那個人拼命地躲藏；一旦你停下腳步，準備按下Esc鍵結束遊戲，他便會頃刻變身追逐者的腳色，反過來奔跑進攻，制衡你的撤退。

他是玩家，你不過是陪練。

與別人保持備胎關係，當中具備競爭進化規則。一方面來說，人類本質上無法停止追求更多的欲望；另一方面則是關於婚戀關係的排他性和唯一性，在這種客觀矛盾和內心衝突中，備胎是夾縫中的產物，是緩解內心衝突的最佳人選。

他們既不明顯逾矩，本質上不違背婚戀關係的準則，又滿足了尋求更多愛和欲望的本我需求。同時也實現人類在親密關係中追求的最大化收益，和最小化付出。

對於備胎來說這何止是不公平，他們損傷了自己。愛情是指兩個人之間的情感，單方面的一腔熱忱最多只能稱為迷戀。這種迷戀值得你捨棄自尊嗎？更何況，長此以往，備胎們很容易養成一種思維：不去追求正確和值得關注的人和事，極易陷入自我貶抑的狀態，因為他們總是無條件地付出、忍讓，習慣被傷害自尊、自信和情感。

這種模式也會落實在生活中的每個層面。

定義任何一段關係的好壞，無論是親情、愛情、友情或單戀，最基本的準則就是它是否給你帶來成長。備胎在和男神女神的糾葛當中，被阻滯了成長，甚至無法像原先一樣自愛、自信。

真正可怕的不是得不到愛人，而是失掉了原本還留存的，相信人生美好、值得追求的信念。

當備胎的感覺，既像尖刀也像海綿，刺起來有錐心的痛感，但又吸飽了所有的情感和精神。人有時真的能在痛苦中得到快感，但是再快樂，也是不健康的供給。

我見最悲涼的備胎人物是鍾離春，因為相貌醜陋，於是戲劇中給她起了一個別號：鍾無豔。她雖不豔麗，但才華出眾，被齊宣王立為王后，可是這一切不過是為了彰顯君王不貪美貌的表象，同時又能讓她輔佐改革。

大部分的時間，齊宣王都不關心國事，而是耽於聲色，寵幸一個叫夏迎春的美豔妃子。後來坊間流傳這段故事並改為戲曲，便有了「有事鍾無豔，無事夏迎春」的典故。

無豔縱然已貴為王后，治國有道，被後人奉為典範傳唱至今，但也難逃不得齊宣王的愛而淪為備胎的境地。

備胎們又何嘗不是一個現代版鍾無豔的偉大化身呢？

歷史無法改寫，但備胎的人生還能轉折，別再等那個不把你放在第一順位的男神女神了，該從候補狀態退場了。讓你的迷戀快點跨越這片沒有燈火的荒原，繼續馳騁到對的那個人的人生樂章中吧。

不知道自己要什麼，反而有更多選項

迷茫、無目標，覆蓋了大部分人的生活狀態，我也一樣。前一陣子季度考核談話時，老闆問起我未來三年的目標。我有點瞠目結舌。三年？我可能連三個月後會怎樣都不太確定。再回首三個月前，我也沒有想到，如今的自己會站在這個位置做這樣的事。

那種對現在和未來的模糊、不確定感，時常縈繞在每個人的心頭，就像霧霾一樣，無論如何都吹不散。

它甚至不只是一個階段的主題，而是貫穿了很多人的整個青春期、後青春期，甚至是中年時光。我時常望著捷運上低頭忙碌的人出神，他們都知道自己要過什麼樣的生活嗎？或者他們知道目標在哪裡，但是否知道如何抵達呢？

我們每天聽著各式媒體或勵志專家表示，生活一定要有目標，否則就像失去方向的船隻，永遠無法靠岸。這話一點都沒錯，所以很多人也集體、無意識地開始慌張、焦慮。

在他們看來，沒有目標簡直就跟沒穿衣服一樣丟人。

這種感覺我也有過，在我讀研究所二年級的時候最為明顯。在此之前我也有非常清楚的目標：考研究所、出國讀博士，然後回國邊執教邊深入心理諮詢工作。但就研究所二年級的時候，我彷徨、迷茫了，我忽然發現那好像也不是我要的生活。簡單來說，就是當你如此貼近一件事時，才能真正看清它的脈絡以及自己的局限。

整個學期我都悶悶不樂，做什麼都提不起興致，甚至根本不願意做任何事，從早到晚都在思索下一步到底該踏向何方。很慶幸在那時我跟導師推心置腹地談過，當他問起我的打算時，我無法篤定說要出國深造，而是非常羞愧地直言不諱，自己並沒有明確的目標，也不知道該做什麼。

我一直崇敬的導師，說了下面那句話：「**接受暫時的模糊狀態，也是一種成長和精進，你還沒有決定，說明你還沒有準備好。**」

這句話給當時的我極大的寬慰，不只因為他耐心地接受了我的猶豫和踟躕，也讓我了解，模糊也是一種常態，這種常態或許不是退步，而是準備好就能蓄勢待發的機會。我的焦慮並非因為沒有目標，而是因為無法接納自己「無目標」的狀態。

我們這一代接受的教育，好像從來都沒有明確地教導如何認識自己、認識世界，並找到合適的人生目標。直到高中畢業前，所學的專業都是由家長和老師一手操刀，我們只要順從接受就好。

等到上了大學，才慢慢有了要樹立一個人生目標的意識。但是迫於時代和環境的變遷，我們選擇了一個看上去上進、有前途的道路，但多數人即便已經踏上征途，卻仍然不知道自己要什麼。而那些沒有目標、終日閒晃的人，就更像異類了，不被時代接受、不被周圍理解。

這是時代催化的結果，讓每個人把追求成功、理想，內化成一種不得不具備的特質。那麼，沒有目標的人該往哪裡逃呢？

其實，多數人不是真正為了找到人生目標而努力，不過是想找到一個看似是目標的東西，掩飾自己的迷茫和無措。

我不否認，每個人都需要目標，但那不是從娘胎就帶來的必然產物，它需要我們學習、成長、探索、嘗試，才能得出準確結論；不是一蹴而就或效仿成功人士的歷程，就可以快速得出的不負責的蓋棺定論。

現實的問題在於，在目標現身的黎明到來之前，我們必將經歷一段黑暗。有人在黑暗中淡定坦然、默默耕耘，但也有人慌張無措、憂心忡忡。

我看過一段史丹佛的TED演講，裡面談到一個關於痛苦的概念。痛苦並不等於你客觀承受的痛苦指數，而是等於客觀的傷痛×內心的抗拒指數。這個公式非常直接地告訴我們，要把「接納——抗拒」模式納入其中，才能真正決定我們的感受。

同樣的道理，**迷茫的程度也並非由你的無目標狀態直接生成，而是取決於你是抗拒還是接受它**。愈抗拒愈迷茫，愈接納反倒減輕了迷茫感。換言之，無目標狀態難以避免，但迷茫可以選擇。

羅傑斯說，所謂的「自我」就是一切體驗的總和。無目標本來就是自身的一部分，但不意味著這種的狀態無法改變，因為自我是在流動和發展中變化的。

下一步就是去尋找目標。但這種追求絕不是快速而直接的，在找到目標之前，少不了迂迴的前進。但你是否想過，你為了改變這一切又做過什麼？

大多數人就是在機械地盲目踏步，每一天都過得像同一天。

不是接納了迷茫和無目標就撒手不管，我們要做的是在生活當中做出一些思考

和改變，目標不是停留在原地就能從天而降的運氣，它需要你的努力和行動。

不知道自己想要什麼，反而是一種開放式的狀態，你可以趁機嘗試其他可能感興趣的領域，這往往是打開新世界大門的鑰匙。

以前一個同事，是體育頻道的編輯，儘管每天面對各種新聞賽事，卻對體育絲毫不興趣。他從未真正沉浸在工作中，不過是把它當成養家糊口的任務罷了。後來在一次工作中，他意外發現跑步是一件很有趣的事，他看著自己肥碩的身體，覺得至少也可以藉著跑步減肥，於是買了運動鞋開始每天夜跑。甚至還報名了馬拉松，一路跑向全世界。

他還是他，還是那個體育編輯，不過變成了一個堅持跑步的編輯，依然好像沒有什麼明確的目標。但就在兩年之後，有人邀請他分享跑馬拉松的經驗，讓他得到了非常棒的回饋。除了他豐富的跑步經驗之外，他的感染力和表達能力也加了不少分，而這些都是他大學時加入演講社學到的一點知識。過去生活帶給他的痕跡就這樣意外地表露出來，給了他新的機會。

後來，他不斷地受邀演講，現在已經是一名職業的跑步者和培訓師。他也從未想到，一次無心的嘗試，會為他的人生帶來轉機。

不要吝嗇你的嘗試。也許哪一次就讓你接近了適合的目標，並且隨時有可能突破現有的迷茫。

有一句話這麼說：「迷則擇醒事，明則擇事而行。」也就是說，迷茫的時候就去做那些明顯是對的事情，而明瞭自己想要什麼的時候，就要從對的事情裡面選擇對自己更有利的事情來做。

別忘了，腳尖的朝向就是你所選定的方向，你所走的每一步，都決定著最後的結局。

誰都無法保證預期的就一定到來，但至少持續的行動和改變，可以讓我們在面對無規律且脆弱的生活時，增強了一點抵抗力；至少也能泰然堅定又樂觀地說一句：即便生命無常，但是我盡力了。

安全感不會從天而降，你得點滴累積

「最近讓你覺得最沒有安全感的事是什麼？」

上週末在計程車上忽然大姨媽造訪，而我毫無準備，那時我想到了這個問題。問了幾個朋友，他們的答案是：

朋友A：昨天發現帳戶裡只剩兩百元。

朋友B：房東打電話說，對不起，房子不續租了。

朋友C：發現女朋友的男同事在追求她，而且他還是個富二代。

安全感這個東西，像我們在人生戰壕裡的一件盔甲，沒有了它，赤膊上陣很容易亂了陣腳。

沒有安全感是一種什麼樣的體驗呢？

心理學家馬斯洛（A.H.Maslow）說，缺乏安全感的人往往感到被拒絕，感到不被接受、被冷落，或者受到嫉恨、歧視，或者感覺孤獨、被遺忘、被遺棄；具有安全感的人則反之。

我很仔細地研究過，到底什麼才是安全感。

安全感其實只是一種心理上的感受，指的是一個人對自己和周圍世界，具有相對穩定的信任感和不懼怕感。安全感未必跟客觀環境絕對匹配，它根植於我們最初的恐懼以及由此衍生的不信任感和失控感。

渺小的人類深知自己的脆弱和不堪一擊，對大自然無可抵擋，只有深懷敬畏之心。除此以外，我們在成長過程中也積累了不少讓人感到不安的經驗。也許是孩童時在黑夜裡醒來沒有人撫慰，於是從此害怕一個人在黑暗中獨處；也許是少年時期不小心迷路，從此害怕去到陌生的地方；也許是戀愛時被傷害過，因此對戀人的一點點異常舉動都感到不安。

林林總總的不安全感皆源於你不確定是否有能力滿足需求，是否能在多變的世界裡有掌控感。

安全感不會像鎧甲一樣隨時相伴，總有些時候，我們會感到不安、慌張和焦慮，就像天氣會陰晴不定一樣，安全感也會隨著境遇不同而有所起伏。**這是再正常**

不過的，也恰恰是我們獲取安全感的第一步——接納內心感到不安全的時刻。

因為感到不安而不安，常常是因為我們的內心過於關注。

然而，不安有時倒是好事。

古希臘傳說中有一個故事，人人都羨慕坐擁滿城財富的迪奧尼修斯國王，覺得這是一種幸運。國王便請他的朋友達摩克利斯赴宴，命其坐在用一根馬鬃懸掛的寒光閃閃的利劍下，以此告訴人們，任何看起來安寧祥和的時刻其實都暗藏危機，不僅是國王，居安思危是每個人都必修的一門課。

不安全感就是這把達摩克利斯之劍，它的出現讓我們意識到自己的弱小和不足，警醒我們要時刻應對變化，才能臨絕地而不衰。能認識到這一點，才有可能跟不安共處，並在此基礎上更進一步加強自己的安全感。

安全感的多少關乎我們如何解釋這個世界。

簡單來說，你如何看待周圍的事物，就影響著你的感受。我們的行為和感受都有一個共同的導航，就是認知，它指引著我們應對這個世界。

成長過程中的每一點滴累積，都是你自信的本錢，確認你有與不利環境、不好相處之人作戰的經驗，這就是你能再次解決眼前問題的利器。

一旦你的內心對既有的特質產生一種認可後，心靈上的解放也將不期而至。

我們究竟憑藉什麼獲取安全感？

「吃飽了就有安全感。」

「只要Wi-Fi連接穩定。」

「隨身帶著化妝包，需要時可立即補妝。」

「無論多晚回家，都有一盞燈為我亮著。」

每個人獲取安全感的方式不盡相同，也正因為如此，任何一種介質都可能是安全感的來源之一。

我們能做些什麼增加安全感？

一、不斷提升自己

自信絕不是空穴來風，如果你自覺還不具備得以應對無常的能力，那麼就去自我提升。馬斯洛說心理的安全感指的是「一種從恐懼和焦慮中脫離出來的信心、安全和自由的感覺，特別是滿足一個人現在（和將來）各種需要的感覺。」

如果你覺得錢能帶來安全感，那就努力賺錢；如果你覺得一份穩定的工作可以帶來安全感，那就認真踏實地提升專業能力；如果你覺得良好的人際關係讓你感覺安全，那就學會對每個人微笑；如果你覺得愛情能讓你減少不安，那就對愛人更加關心、呵護。

二、爭取他人支持

雖然我贊同安全感需要自己給予，但絕不認同窄化安全感來源的說法。安全的環境是你和他人共同營造出的，我們的能力有限，總有需要他人支援的時刻。不管是父母、朋友或愛人，有他們的守護和關懷，能讓你在一個相對安全的環境中更專注地探索、前進。

三、遠離危險因素

這個世界不存在絕對安全的環境，任何平靜之下皆有暗潮，但我們依然可以盡量避免不安全的環境出現，遠離危險因素。在我們有限的能力範圍內盡可能地保護自己，才是最實惠的增強安全感的方式。

其實很多時候，是我們首先做出了不安定的選擇，才會讓自己失去安全感。

一個女性朋友抱怨男友經常跟人曖昧，但其實交往前她就知道男友前科累累，但不聽朋友勸阻依然選擇跟他在一起；一個天天焦慮工作朝不保夕而借酒消愁的朋友，早在去上工前就了解公司狀況，但還是想不顧一切賭一把。

追根溯源，都是因為一開始就沒有選擇安全的方式，沒有好好地籌畫、準備。

所以，別等到讓你安全感喪失的事真的發生，才嘆息說「本來可以……」，也別只是祈禱糟糕的事永不發生，安全感不會從天而降。從現在開始提升自己、尋求支持、遠離那些不安全的來源，都是在為自己的心建造一所堅固的房子。

沒人有義務照顧巨嬰，別忘記對自己負責

最近一直在思考一個問題：是什麼讓你認為，我每天靜靜躺在你的好友列表或通訊錄裡，就是隨時等待你召喚，為你排憂解難的呢？

最近的留言太多，因為精力有限，所以我決定讓這些訊息石沉大海，我可能永不回覆。有人問我為什麼不回，是不是生病了？事實上，我並沒有不舒服，體溫隨夏天到來自然上升了〇．二度，內分泌正常，胃口很好，心跳依然維持在每分鐘七十五下左右。

我正常得很，但我想可能是給我發訊息的你不太健康。當你理所當然地認為我必須做到有求必應的時候，我想你應該先審視一下自己的各項身心指標，甚至確認是否弄清楚自己的人生重點、關係親疏了。

就因為當初學了心理學，所以成了很多人理所當然傾訴煩惱的對象，還會配上一種我應該早已見怪不怪的無辜眼神，就好像在說，這道理不是很好理解嗎？

他們的內心獨白是：「我認識你，你學心理學的，那我這個到底算不算憂鬱

症？」

類似的還有：

「我認識你，你學電腦的，那我的信箱為什麼無法登錄？」

「我認識你，你是中文系的，你看文案這樣寫行不行？」

還有依據人生經驗來求助的。

「我認識你，你去過紐西蘭，那裡有什麼好玩的？」

「我認識你，你交往過射手男，射手男都有什麼特點啊？」

各種無厘頭的發問讓我應接不暇。

當我最近沒有回覆別人的問題時，就會被扣上小氣、冷漠、不善良的帽子。

如果我把本來該好好工作的時間用來回覆這些無關痛癢的問題，而耽誤專案進度，影響同事工作、下班時間和獎金的話，是不是就不自私了呢？

如果我把本來該好好陪家人的時間，用來分析你到底該在聚會上穿紅色還是黑色套裝，是不是就算講情分了？

這種堅持不懈地認為「因為我認識你，而且你有某某能力／經驗，所以你該回

答」的邏輯成立，應該是這種人最深刻的一種病，我把它定義為「巨嬰病」。症狀有心理上無法斷乳、懦弱、無法對自己負責、獨立性缺失；併發症是習慣站在道德、人性之類的制高點上譴責、剝削他人。

這種剝削是無孔不入的，他們不在乎是不是跟你交好，是不是也曾施惠於你。總之，但凡能從他人身上獲取幫助或好處時，會不惜代價貪婪地吸附在別人身上，索取完便離開，不知回報，再次遇到問題或困難時，還會再回來找你問個不休。

有時候遇到這種人，我也會不忍心，心想就抽時間跟他聊聊吧。溝通一番後，對方回覆我幾個「茅塞頓開」、「醍醐灌頂」的字眼，或者哪怕只是敷衍地讚美我「人真好」、「說得很有用」，我都會喜孜孜地覺得，能幫助他人的感覺真好。但其實我都忘記了，很多時候我並沒有熟到可以幫當事人分析、解決問題。

要是剛好自己也不知道該如何回答問題，那就更要命了。我曾經絞盡腦汁琢磨了一個晚上，就為了一個只見過一次面的朋友的問題，我替她憂愁、焦慮、難過，快把她的問題變成了我的人生困境，也差點就要把幫助她看成自己應當擔負的責任。待我終於理清思路，回覆她好幾大段話之後，她卻輕描淡寫地說，麻煩妳了，但這個問題我不想再思考了。

嗯，我好不容易收回上帝視角，審視完她的問題，人家卻讓我不要再思考了。

這種病我稱為**「奶媽（爸）病」，症狀有好為人母（父）、總想為別人負責、過度關注他人；併發症是一旦被人捧上一個高高在上的位置，就特別想幫助別人，並沉浸在「我好厲害，我好偉大」的情緒中難以自拔**。

巨嬰病和奶媽（爸）病常常成對或成群出現，它們互相滋養，輔佐彼此病入膏肓。巨嬰病患者習慣事無鉅細都向他人求助，奶媽（爸）病患者則願意捨己為人，救人於水火。他們都漸漸忘了什麼是分寸，什麼是界限，一旦維繫下去這種關係模式，會忘記什麼才是自己的人生。

巨嬰病患者忘了要為自己負責，不侵佔、剝削他人的時間、空間；奶媽（爸）病患者忘了他們只要能承擔好自己的生活和責任，已屬難能可貴。

好在意識到這些尚不算晚，但克服病症時，你可能會遭遇跟我同樣的情況。

比如上個週末，我無視一個巨嬰症病患的求助訊息，跟朋友享受下午茶還po上網，結果就收到患者的評論：「我以為妳很忙，所以才沒回答我的問題」，是啊，我很忙，忙著享受我的下午茶和人生，這樣一段短暫的休憩，可以讓我整理內心、放鬆身體，迎接接下來的緊張工作。巨嬰病患的人生跟我並沒有關係。

如果你不是心明眼亮、內心強大，根本沒有辦法應付這種道德壓力。試問自己，人生如果一直被這樣打斷，是否真的能解決所有問題？他若不能放棄凡事必求人的方式，是否能成長為一個真正的成年人？

如果你沒能力為他人的全部問題和人生負責，不如現在就讓他心理斷奶吧。而作為巨嬰病患，如果沒有一個能真正站在你的立場、了解你的狀況的人為你全程導航，那麼得到或膚淺或敷衍的回答，又真的能幫助到自己嗎？

每個人都是一座孤島，這個孤島如何運轉，往往要靠自力更生，而弄清楚與他人的孤島之間究竟是怎樣的距離、如何才能既有界限、又不失分寸地連接，都應該以先管理好自己的孤島為基礎。

自己不說，別渴望能有人猜透

「如果你死後可以發一封郵件給活著的人，你會發出什麼訊息？會給誰？」

我也想過答案。我覺得發給一個人可能不夠，要說卻沒說的話實在太多了，平日裡能說話的機會也太多了，但我卻選擇了沉默。

後來，我問過很多人這個問題。大家無一不陷入沉思，原因都是，如果只能告訴一個人，如果只能說一次，實在難以抉擇。

好像大家都一樣，在能表達的時候，我們真的什麼都沒說。

我想起了今年遇到的幾個涉及人際和戀愛關係的諮詢個案，我在對方說的話裡聽到了他的很多想法、感受和態度，滔滔不絕，好像說也說不完似的。

我問，這些該向對方說的話，你都說了嗎？

答案是一致的，沒有。

這些話語中，有的表達感動，有的表達失落，有的想談期望，有的描繪未來，還有的是切實可以改善兩人關係的嘗試和解決方法。

最該聽到這些話的那個人卻沒有聽到，有可能這輩子都聽不到。

我也常常聽到很多這樣的聲音：

「我怎麼哄女朋友，她好像都不高興。她不就說不知道，不就說你自己想吧，我到底該怎麼辦？」

「主管說我這個方案做得不好要修改，我已經改了三次了，他還是不滿意，我問他怎麼改才好，他卻說你再好好琢磨一下。」

「朋友心情不好，我拉他去吃飯逛街看電影，他說這不是他想要的減壓方式，我問他想做什麼，他說我也不知道，隨便吧。」

每次聽到這樣的哭訴，我都能感同身受，在渴望對方表達、溝通的時候，卻總是遭到閃躲，就是這樣含糊其辭的回應，把我們扔在一個巨大的謎題裡，讓我們不得不費盡心思去猜測，但往往猜不到答案。

可能你並沒有想到，那些能表達卻沒表達的時刻，就像一個黑洞，能吞沒掉人與人之間所有的可能。

一個總是被女友莫名其妙的生氣搞得茶飯不思的男孩，久而久之可能因無力感而主動結束關係；一個經常被主管不明不白的工作評價困擾的員工，可能會因為受不了這種挫敗感而憤然離職；一個百分之八十的時間都在猜測朋友想法，卻又得不到明確答案的人，可能不想再忍氣吞聲而跟對方漸行漸遠。

本來你們都可以相處愉快。我們不過想要一句話而已，你為什麼就是不說呢？你倒是說啊，到底怎麼做才能滿意？

只要你說，只要我有，我就努力做到。

女人的心思太難猜了，其實只要告訴男朋友該怎麼做，他就不會再像無頭蒼蠅一樣瞎撞，不用再浪費時間，又能用妳想要的方式博妳一笑，何樂不為？同事或下屬也許能力真的不如你，只要給他一個明確方向，他就不會再六神無主，大家能愉快又高效率地達成目標，豈不更好？朋友是真心為你著想，如果你能理解他的關心，不再耍任性，你們可以開心豪邁地痛飲一場，不亦樂乎？

其實我知道，**你不說常常是因為，你覺得自己不開口別人也應該明白**。

你會理直氣壯地認為，這麼簡單的事他怎麼會不明白？這麼容易猜到的，他為什麼就是猜不透？這麼顯而易見的道理，他怎麼能不理解？

真正不理解的是你！人與人之間有著千差萬別，並沒有人生來就會讀心術，你不說，他就無法理解；你不表達，他就更糊塗。

沒有人能總是理解你的一個皺眉或一聲嘆息，那些背後的故事和曲折只有你自己最懂，如果你能忍受孤獨也就算了，但你偏偏期望別人能懂你。

如果你希望別人能更明瞭你，更懂得如何呵護你，或期待他能做到讓你更滿意，不如大方坦誠地表達你的合理需求，告訴他你希望他怎麼做。

你不想說，可能是覺得時機未到或是之後還有大把機會。

我不知道你在等什麼機會，真的要等到百年之後再冗長地寫一封郵件，說出一直想說的和該說的話嗎？

有些話現在不說，未必以後真的有機會說。誰知道是不是一次錯過，今後就咫尺天涯呢？

我特別喜歡一句歌詞：我走錯我沒走錯，至少我沒錯過什麼。

至於時機未到，讓我想起心理諮詢裡常用的一個詞彙：即時化。就操作層面而言，就是指對前來諮詢之人此刻的情緒、行為進行即時化的處理和反應，讓他對當下的自己有所覺察。

這樣做的用意在於關注當下，因為在此情此景裡，有利於理解對方也理解自己。**在解決問題的當下，即時化的表達能更聚焦於問題本身，就事論事。**如果等到你以為的時機成熟，怕是已經在彼此心裡埋下不愉快的種子，你也難免會背上了「翻舊帳」的罪名。

當下想說什麼就說，該表達就表達吧。別真等到時過境遷，關係難以修復。

你不想說，是不是因為你不敢？

你害怕有些事表達出來會傷害對方。可能很多時候我們表達出的東西並不是完全客觀和積極的，內容可能含有憤怒、無奈和失望等負能量。

如果這些負面能量經過自我消化就可以解決，那也就罷了，最糟糕的是這些情緒在你心裡愈積愈深，等到爆發出來時已經像一場災難，那時造成的傷害會更大。

本來就是負面的內容，也不會因為時間推移而有實質改變，早一點表達出來反倒會減輕傷害。要知道，如果有一天不可避免地仍要說出來，那麼曾經的左思右想和顧慮重重，也不會讓你顯得更善解人意。

我知道，還有一種不說，是因為不知道該怎麼說。

太直白擔心嚇跑對方，太委婉了又怕模糊重點。我的原則是真誠而直接，不兜圈子也不虛情假意。但在表達的過程中，要站在對方的角度去想，怎麼說才讓人更容易接受。

如果是表達善意和愛，那麼愈直白愈好；如果是表達負面評價或情緒，則要欲抑先揚，先肯定再否定，先誇獎再批評；如果是表達自己的需求，要記得告訴對方這樣做不僅對你有利，同時也會為彼此的關係帶來好處；如果是表達解決方法，忌諱用「你必須」、「你應該」、「你一定要」這樣的語句，而是盡量緩和一點，也別忘說完後聽聽對方的回饋。

如果確實遇到無法全盤托出的情境，分享給大家我去年聽到的一個方法：真話不全說，假話全不說。

無論是「不必說」、「不敢說」、「不是時候說」或「不知道怎麼說」的問題，都可以改善，最致命的是，我們捨近求遠地去追逐理解、關愛和親密，卻未曾覺察，沒有什麼比「說出來」更簡單奏效。

PART 3

看得清自己，就是改變的開始

我在問自己，也在替所有可能無法改變生活的人問：如果你根本過不了自己想要的那種生活，那麼還能怎麼辦？

為何愈擔心的事愈容易發生？

你有過類似經歷嗎？

1. 明天早上有重要會議，你擔心遲到，最後真的遲到了。
2. 排隊買票的隊伍有兩條，人數差不多，你總覺得自己站的那排速度比較慢，結果真的如此，另一排比你晚來的人都買好票走了，你還在排隊。
3. 你總是擔心會跟父母產生爭執，結果愈擔心爭執愈多。
4. 曾被戀人劈腿，心有餘悸，害怕這次戀愛依然遭遇同樣狗血劇情，沒想到，竟然真的又因為對方出軌而分手。

以上例子無法窮盡，即便你沒有過一樣的遭遇，但肯定有過相似的感觸：愈擔心的事就愈容易發生。

它像一個莫名的詛咒，頻頻出現，你不但深受擔心困擾，還要承受隨之而來的糟糕結果，簡直是雙重傷害。你明明為了避免壞結果而做出諸多努力，沒想到依然無濟於事，你或許以為這就是宿命，是躲不過去的詛咒。

其實，沒有什麼天意和注定，施加詛咒的人就是你自己。你在無意識中促成了你擔心的事情發生。這種無意識叫做「選擇記憶效應」，或稱「自證預言」。

回到開頭的四個例子，前兩個就是記憶效應的最佳說明。那些你擔心的事的確發生了，並不是幻覺，但你的記憶卻愚弄你，讓你誤以為這件事發生的可能性更大，甚至是絕對會發生。

這並非你的大腦或記憶出了什麼問題，這是正常、普遍的現象，但如果你沒有意識到這件事的根源，便會感到困惑。

我們的大腦每天會處理龐大的資訊，但並非所有資訊都會進入記憶空間，記憶也是有篩選漏斗的，有一些被篩掉後會被我們遺忘，有一些則順利進入記憶容器裡被我們記起。

這個篩選漏斗絕非隨機選擇哪些資訊會淘汰、哪些會留存，它有自己的運作機制。這個機制比較複雜，其中有幾種因素很重要：第一是資訊本身的重要程度；第二是你的情緒；第三是你的認知加工。

資訊愈重要愈容易被記住，情緒愈強烈或者愈負面也愈容易被記住，資訊加工得愈精細愈複雜也是同樣道理。

參加重要的會議，遲到會讓你自責、內疚，你會因此而產生更複雜的思考。這件事與記憶漏斗篩選資訊的機制完全吻合，因此便容易讓我們留下深刻印象。

這就是大家常說的「人總是更容易記住痛苦」。雖然每個人都更願意留住美好的回憶，但經受挫折、失望、愧疚等負面的內心體驗，往往更容易喚起身體的各項身心指標變化，也會在我們的認知世界裡被反覆琢磨、加工，因此，痛苦自然會留下更多痕跡。

這種痕跡往往會讓我們對事件進行選擇記憶，忽略了那些「你擔心的事沒有發生」的情況。因為它們在你的認知裡是一種順理成章的結果，不會引起你過多的情緒，也不會讓你對這件事牽腸掛肚，它會順著漏斗滑出你的記憶。

所以，**你擔心的事有時的確發生過，但也有如你所願沒發生的時候，是你的選擇記憶愚弄了你，讓你產生了錯覺。**

再說到第二種無意識，「自證預言」是一個聽上去很玄妙的詞，還有種宿命的感覺，但理解了就會明白，所謂的宿命都是自己給自己設定的。

自證預言的意思是，人會不自覺的按已知的預言來行事，最終令預言發生。這個已知的預言，就是你對事情的看法。

比如，面試之前，你覺得準備沒用，無益於面試。雖然你依然做了準備，但預言實現，你真的沒有成功。是準備面試真的沒用嗎？未必如此。因為你懷著「面試不會成功」的負面認知，所以即便準備了，但過程中你也是抱持懷疑心態，因此難以集中精神、全力以赴，所以並沒有讓它發揮真正的作用。

你的認知又是從何而來？它不是憑空出現，而是深受個人經驗和情緒影響。這種自證預言的罪魁禍首，就是源於「擔心」的情緒狀態。

當一個人處於擔心的情緒，對他人的態度也會產生相應變化。就像文章開頭提到的第三、四個例子一樣，左右了別人與你的關係。

就像曾被劈腿的人一樣，因為擔心新戀情會再次發生同樣的事，所以會對另一半的行為產生不信任，比如跟異性同事吃飯這種在他人看來稀鬆平常的事，也會被他當作危險信號。

他可能會質問、要求對方解釋、甚至會查手機，諸如此類不信任的行為會讓對方感到不被尊重、信任，進而開始逃避。久而久之，在長期受壓抑的狀態下，或許真的會促使對方另找新依靠。

自證預言不過是你給自己設置的圈套，有時這種預言是沒必要的、虛假的，也是你的自以為。

有個經典的心理學研究叫「疤痕實驗」，參加實驗的志願者被告知實驗目的：他們將藉由以假亂真的化妝術，變成一個面部有疤痕的醜陋的人，然後在指定地方觀察和感受，不同的陌生人對自己的反應。

志願者在化妝過後從鏡中看到自己面帶疤痕的醜陋模樣，而後在他們不知情的狀況下，臉上疤痕已被處理掉，走出去面對陌生人時就是以真實面貌示人。

實驗結束後，志願者們報告他們感受到的陌生人的反應，無一不是對自己感到厭惡、缺乏善意，甚至認為別人會盯著自己的傷疤看。

實際上，他們的臉上根本沒有傷疤，之所以會產生那樣的印象，是因為他們自認臉上有疤、很醜陋。**因為覺得自己面目可憎，才會認為別人也覺得你面目可憎。**

心裡有疤比臉上有疤還要可怕，它會讓我們對自己產生懷疑、對他人擔憂、對人生消極抵抗，這道傷疤就是你的自我預言。從這個實驗當中你會明白，其實你自以為的東西或許根本不存在。

所以，「你擔心的事總是很容易發生」的命題，只能是個偽命題，沒有絕對，沒有必然，但的確有可能會被人為調整和改變。

我們能做的就是把握好影響事情發展走向的內在原因，真正從積極行動中減少發生糟糕結果的可能：害怕遲到就早一點起床；擔心爭執就坦誠溝通；懷疑還會被劈腿就多觀察一段時間等等。至於外在原因，我們確實沒辦法左右，但接受並以良好的心態去處理，便不會遭受更大的傷害。

別忘了，我們手裡還有兩個武器，你可以選擇留下更客觀的記憶，也可以選擇去驗證更美麗的預言。

其實我真的不想圍觀你的幸福

到了我這個年紀，雖未滿三十，但見面聊天已躲不開結婚生子的話題。我承認這是大部分同年齡層的人的生活主旋律，可我並不打算應和，只想安安靜靜地唱我的副歌就好。可是偏偏有人不想成全你的清淨，硬要輸入「正確」的價值觀。

請問還沒結婚生子的朋友們，看到別人沒完沒了地秀恩愛、曬孩子時是什麼心情？是不是和我一樣，從祝福到羨慕到心酸到厭惡，最後只想簡單乾脆地甩下一句「呵呵」。

我也歷經過各種秀恩愛和曬奶娃轟炸，體驗過諸多情感變化，最近還因不慎被拉入一個群組而患上了**PTSD**。誘因是群組裡每天有數千條訊息，關鍵字都是「孩子或寶寶（次數達到五百六十八次）」、「奶粉（次數達到一百七十六次）」、「紙尿布（次數達到兩百九十一次）」以及「玩具」、「餵奶」等，主要症狀是眩暈、煩躁、易怒等，嚴重時會出現想把手機從七樓扔下去的念頭，以及捶胸頓足、仰天咆哮等行為傾向，病狀持續時間已達到七十二個小時。

國外網友稱這種愛曬娃的父母為Sharent，即Share（分享）+Parent（父母）。雖然東西方在許多方面都存在文化差異，但對待Sharent 的態度卻得到了跨文化的一致。美國丹佛大學研究顯示，這些人容易被人從好友名單中刪除，理由是有誰願意天天被迫翻看一本育兒日記呢？

費茲傑羅（F. Scott Fitzgerald）在《大亨小傳》（*The great Gatsby*）裡形容黛西時說：Her voice is full of money：現在形容曬娃一族的話則是full of babies。

其實，初為父母的心情都可以理解，喜歡跟別人談論寶寶也無可厚非，但只要不過度就好。見人就秀自己寶寶的一堆照片、推薦人家看孩子冗長的影片、在公司八小時不間斷播報自家孩子的吃喝拉撒趣事、在社群媒體上到處貼孩子的裸睡照等等，自以為是很可愛、真性情，但只要別人說出反對意見，就罵對方沒愛心。這已經算得上是沒修養了。

很多家長看到這裡大概已經被激怒了：母愛、父愛多偉大、多崇高，你怎麼不理解、不寬容、不配合呢？也許還會加碼補上幾句「等你有了孩子就知道」之類的話。

坦白說，看似曬的是孩子，其實曬的是自己。沒必要把自己對孩子的愛，過度表演給別人看。

只要在正常範圍內分享、交流，大家都能接受，畢竟，有幾個人能拒絕寶寶們可愛的笑容呢？

人人都有煩惱，這是這世界最公平的地方

一切都缺，唯獨不缺煩惱。

我周遭的人們，也有很多早已成為煩惱俱樂部的一員，比如來信諮詢的這位。

親愛的將軍：

我心裡很苦悶，不知道該說給誰聽，所以想試試向妳提問，希望能得到回覆。

到今天為止，我已經在異鄉打拚三年整了。一個人努力著很辛苦，我單身，沒有喜歡的人，也沒有追求者，有時也希望能有伴一起面對人生艱難，可是卻一直沒有遇到。

現在的工作帶給我很多壓力，感覺每天都在處理超出負荷的問題，我很累。我認識了很多人，但又似乎得不到任何人的理解，我覺得其他人都過得很開心，只有我煩惱重重。將軍妳一定體會不到我的心情，妳這麼優秀，一定不會有什麼煩惱。希望妳能告訴我，怎麼樣才能不再煩惱，打起精神面對人生。謝謝妳！

我的回信如下。

我想帶妳到這個真實的世界看一看，生活中沒有「容易」兩個字。

在妳看來，這個世界好像只有妳有煩惱，別人都是適得其所的樣子。實際上人人都有煩惱，這是這個世界最公平的地方。無論是哪種煩惱，都會帶給我們不愉悅的體驗。

我並不是妳期待中的那麼不食人間煙火。跟妳和大多數人一樣，我每天同樣面對著各種可能突如其來的雜事或變故，小到額頭長了一顆痘、加班熬夜睡眠不足、沒靈感不想寫東西，大到已跨入剩女行列卻仍未嫁、沒有一件事順遂到能支撐我傻呵呵地活下去。

妳本以為能跟我討得修煉的祕笈，卻發現我平凡如草芥。其實無論男女，人活在世上，對生之狂喜和死之無可奈何都是一樣的，至於煩惱的感受，也難有差別。

所以，不必苦苦追尋如何才能不煩惱，倒不如問問如何跟煩惱共處。

我猜想妳期待的是聽聽如何從心理學的角度調整自己，有沒有什麼靈丹妙藥，服用後十分鐘就能見效。但妳還是會失望。

因為最簡單、直接、奏效的方法就是「行動」，這聽起來似乎不那麼心理學。

妳可能會說，妳要的是調節情緒或者改變想法，關行動什麼事？可是我們不是哲學家，不能只靠著思辨就脫胎換骨好起來，而情緒這種看不見、抓不住的東西，似乎也難說改變就改變。

好在我們身體裡有一個聯動機制：行為—認知—情緒，改變其中任何一項，都會對其他兩項大有裨益。至少我們可以改變自己的行為，行動起來說不定就能牽制情緒。

經過我的無數次嘗試，行動是迄今為止能幫我快速走出迷惘，與煩惱和解的最好方式。

那麼到底該做些什麼？

當然，首當其衝的是絕對是正能量滿滿的方式：努力工作、提升專業知識技能、不斷充電之類，誰都能說出個十條八條。但這些事本來就需要付出巨大的意志和努力，且短期內看不到成果，心情低潮時就更難做到了。該怎麼辦？

我想跟妳分享幾條實用、高CP值的方法：

一、打理好外表

這是對我來說屢試不爽的自我調節方式。做個精油spa能讓我感覺被這個世界溫柔呵護。不論外面風大浪大，至少有人能用最平和、舒緩的方式關心我的疲憊。精油還有幫助放鬆的作用，身體舒適就會連帶讓心靈舒適，才能有繼續和煩惱鬥爭下去的動力。

二、勤做運動

跑步、做瑜伽或者跟著鄭多燕跳起來。運動會產生腦內啡和多巴胺，會讓我們產生快感。

多巴胺是大腦分泌的一種神經傳導物質，主要負責傳遞亢奮和歡愉的資訊。腦內啡是一種腦下垂體分泌的類嗎啡生物化學合成物激素，能產生跟嗎啡、鴉片一樣的止痛和快感，等同天然的鎮痛劑。

總之，只要動起來，就相當於服用免費能讓你high起來的藥。

三、偶而喝一點酒

總覺得偶爾喝一點酒，日子就會好過一點點。但記得是一點點，喝太多容易得意忘形出大事。

四、養成閱讀習慣

推薦名人傳記類，讀起來蕩氣迴腸。閱讀名人的故事，其實都是在讀你自己。把煩惱放在更宏大的世界裡，它會更顯渺小，乃至消弭不見。不管你在意或不在意，它們都會變成歷史的塵埃。

五、觀賞電影釋放情緒

觀看別人的故事，理順自己的人生。哭和笑都能釋放情緒，思考也會帶來啟發。我曾在電影裡得到平日生活裡感受不到的感動、動力以及勇氣，又把它們放到生活中澆灌自己。

六、用美食療癒自己

品嘗食物的美妙之處就在於適量，吃到太飽只有滿滿飽脹感，吃得太少又會牽腸掛肚。有一點滿足，就是剛剛好。

從食物中獲得溫暖和安全，讓情緒得到宣洩，是我們的本能，也是一種樸素的療癒方式。

七、做一件想做卻沒做過的事

煩惱是阻礙，但有時也是一劑猛藥。

那些一直在吸引你的事，總是因為這樣或那樣的原因被推遲。再把它們擱置起來，怕是哪一天都不像良辰吉日，不如，就帶著煩惱去完成它，做了自己想做的事，是煩惱的積極意義。

電影《尋找新方向》（Sideways）中的主人公邁爾斯，一直很喜歡品酒，他有一瓶珍藏了許久的頂級紅酒，打算找個特別的日子品嘗，那也許是跟心愛的女人在一起的日子，也許是他的小說出版的那天。但是這些時刻都沒有發生，他依舊求而不得，煩惱至極，並且漸漸明白也許那特別的日子根本就不會出現。最終，邁爾斯選擇了在速食店就著漢堡喝掉珍藏的佳釀，而這一天，是整部電影中，他最抑鬱不得志的一天。

挺讓人心疼。但再昂貴的酒也不會天生肩負為人慶祝的責任，一切只是人們賦予它的意義罷了。然而只要你開始行動，每一天都可以是特別的。

在最低落的境遇裡，為做了一件特別的事而舉杯，然後繼續努力生活。在最煩惱的一天，你依然有魄力地去做自己想做而沒做的事，以後還有什麼事豁不出去？說不定完成了這件事，人生就會有新的體悟和轉折。

說了這麼多，如果妳依然覺得心煩意亂，什麼都做不下去，甚至連改變自己也提不起勁，那麼也許妳需要的並不是減輕煩惱的方法，只是需要童話裡像公主般毫無波折的人生，或者等待一個時刻，驚豔全場，征服所有人。

但是人生真的未必會如期待般一直有滿天絢爛煙花，升得再高的煙火，也要劃過天際墜向地面。如果妳只希望在快樂、順心的時候才參與自己的生命，那就是對生活的最大浪費，因為花花世界，有喜有樂才是真實。

最後送你一句我很喜歡的電影臺詞：讓我們進化，水來土掩。期待著妳脫胎換骨，也同樣期待著我們都成為那樣一種人，哪怕萬箭穿心，也要活得光芒萬丈。

就算受惡意攻擊，也別讓自己深陷其中

在後臺收到一段讀者留言，他在出版社工作，是一名圖書企劃。薪資不高，但自己一直喜歡文學，所以並不介意薪水，更何況家庭條件優渥，沒什麼後顧之憂。本來日子過得很舒心，但一次無意中別人傳錯了訊息，才知道大家怎麼想他。

同組的其他幾個同事有一個群組，他們在背後議論他因為家庭條件好，所以靠關係進公司，也因此才受到主管器重。有個人還憤憤不平地說，他家這麼有錢，何苦跟我們搶業績，就當個不勞而獲的富二代不好嗎？

他看到後假裝不知情，但心裡十分憤怒。他說，要是靠家裡安排工作，絕不至於只是來出版社，只是因為自己喜歡，所以願意投入很多時間和精力策劃圖書，這股認真幹勁被主管口頭表揚過幾次而已，根本不是同事猜測的那樣。

他說雖然表面上裝作沒什麼，但心裡就是過不去。他問我該怎麼辦。

我想說，活著，除了迎接善意的幫助和支持，也會遭受惡意的攻擊和牽制，這些很正常，有時這樣的攻擊可能跟你平日的言行、人品都沒有直接關係，換句話說，無論你多麼盡力做好自己的本分，也控制不了他人的蜚短流長。

在中傷者眼中，或許這只是一種簡單的、合理的聯想（也可以稱之為歸因方式）。甚至有時你也無意中成為製造留言和惡意中傷的人。

看到年輕人霸占博愛座不讓座，一定是因為年輕人沒有愛心；看到馬路上男人衝著女人大發雷霆，一定是那男人沒有氣度；看到年輕貌美的女孩開著名貴轎車，一定是被包養了……。

這樣的例子不勝枚舉。我不否認，這種臆斷有一定的合理性，畢竟這些因果關係確實存在，而且是一種常見的存在，但確實並不是唯一而正確的解釋。一件事情的發生，背後原因不計其數，但是為什麼多數人只願意在眾多解釋中選擇一個，並認定那就是原因呢？

說白了，別人的揣測和判斷，不客觀也不全面，於他而言不過是一閃而過的念頭，對你來說，更是無足輕重的閒言碎語。

我們對事物的判斷總是利己的，在不能確實為一件事情下定論時，就會不由自主選擇一個利於自身的解釋，並且深信不疑。

就像他的那幾位同事，或許早就對工作不滿，賺得不多又沒有得到器重，剛好知道自己的同事背景顯赫，自然會理解成他的一切成就都是靠關係而得。這樣的解釋能減少自己內心的不平衡感，以及對自身無能的憤怒和不滿。

這種歸因方式保護了內心的脆弱和自卑，也可以稱之為「心理防禦機制」。選擇一種「貶低他人，抬高自己」的方式，便不會因此自責和無助。

你聽到別人的惡意評價，話題圍繞著你，但背後的真實聲音和動機卻是圍繞著他自身。說你的不好，是為了凸顯自己的好；說你靠關係，是為了反襯自己的獨立和正直。

這個世界的惡意和善意一樣多，當然，我願意相信善意更多一點，但遭遇惡意時，就怕你想不起曾經也被善意對待過，而將自己深陷在惡意當中，只關注惡意，連心裡也只盛滿惡意，那麼流露出來的也只會是惡意。

這種惡性循環太難改變。東野圭吾在小說《惡意》裡提到：「人的惡意就像雜草叢生的土壤，你不知道什麼時候會孕育出一棵參天大樹。」

如果真的要在人生裡長出一棵茂盛的大樹，為什麼不選擇一顆充滿善意、未來會結滿善果的種子呢？

我知道很多人面對惡意的時候，一定會有一種衝動，想要反駁、解釋、扳回一城。有什麼用呢？

我上國二的時候，數學成績不太好。那個學期，數學就是我集中攻克的敵軍。皇天不負有心人，期中考我的數學成績竟然全班第二。說真的，我感到很激動，但是同學的話就像當頭一盆冷水潑下來，讓我的心都涼了。

他說：妳這次數學考這麼高分，怎麼猜得這麼準？

我沒有說什麼，卻為此悶悶不樂了幾天。回家跟媽媽說起，覺得自尊心受挫，心裡還想著要怎麼回擊他。我媽說了一句話，我一直記到今天：妳覺得妳去跟他爭論，就能爭回尊嚴嗎？

初二就明白的這個道理，今天同樣適用。

氣不過又不想忍，想辯白挽回自尊、分清黑白，真的是太一廂情願了。說這句話的人也許早就忘在腦後了，說不定在他心裡，你的反駁恰好落實了他的推測。

但你的行動是最好的證明。你自然不必像當年的我一樣，用一張高分數學試卷來證明自己的努力和實力，你需要的就是踏踏實實做好該做的事，用事實說話，用結果反擊。

當然，並不是所有的努力都是為了贏得他人的尊嚴和相信，我們要做的是無論他人吹捧或謾罵，都不改初衷，自己給自己尊嚴。別讓惡意揣測你的人有了繼續攻擊你的理由。只有成為真正有尊嚴的強者，才是對惡意最好的回應。

記得時刻提醒自己，我們不是因醜惡而生，我們是為善和愛而活。

什麼都不費力的人生，真的是你要的嗎？

有個女孩給我留言，說正面對感情和事業的雙重分岔路。

她二十八歲，朋友介紹了一個相親對象，對方並沒有什麼不好，但總感覺哪裡不對，她對一個同事比較有好感，想主動接觸，又不知道是不是合適；她覺得在現在的公司沒有什麼發展，有一家心儀已久的公司，但是對英語要求高，她在猶豫要不要報個週末的英語班，為跳槽做準備。

聽起來，這是極好的人生啊！有工作目標，有喜歡的人，況且不是求而不得。

我問她，雖然這是分岔路，但當中明顯有一條閃著金光，妳在糾結什麼呢？

她的開場白是：我有一個閨蜜……。

很多精彩或悲慘的故事都會有相同的開始，就像「我有一個××」。很多人的人生也跟她一樣，深受閨蜜或朋友或同事的影響，無法自拔。

面對感情的兩難，她不知道該選擇和相親男相處看看，還是勇敢追求有好感的同事；面對事業的魚和熊掌，她同樣為難，該留下來繼續打混，還是蓄勢待發要鯉魚跳龍門？

她的閨蜜給出的建議是，選擇保守、穩妥、不費力的，或者說選跟她自己一樣的路。她說，那是閨蜜用自己的親身經歷佐證而來的。

閨蜜和她同樣年紀，姿色在自己之上，是大學同班同學，但一直沒放太多心思在學業和事業上，大學畢業後沒多久嫁人了。老公一直沒有什麼事業心，好在家境殷實，著實也過了幾年風光的日子。可是現在傳統企業式微，老公家裡的生意也不太好做。畢業五年後，其他人靠著自身努力也小有成就時，倒也看不出來閨蜜過得比其他人好。

因為這樣的經歷，閨蜜勸她做女人還是不要太拚命。花那麼多錢學英語，未必就能學出什麼名堂，現在的工作已經駕輕就熟，不如把錢和時間投入外在保養；談戀愛也不要好高騖遠，女追男，男人不會珍惜，若相親對象可靠就好好相處。

閨蜜建議完畢，還語重心長地數落起自己的人生：「當年念大學時，我嘗遍各種減肥法、精心打扮、努力維持形象，也不過找個像我老公這樣的男人，但要是當時不抓緊，說不定現在我也還剩著呢。單靠我們這樣的學歷和家庭，很難找到好工作、好人家，男人永遠喜歡年輕漂亮的，妳還是多努力打扮自己，留住相親男吧，別到時候竹籃打水一場空。」

淒淒慘慘戚戚。

聽起來，真是言辭懇切，處處為人著想，但每一句話背後似乎又暗藏玄機：「妳看我沒那麼上進，靠著外在修行也不過如此；妳這麼大歲數了，情況還不如我，別掙扎了，又不可能過得更好。」

看著女孩發給我的聊天截圖，我頭一次如此直截了當地給出建議：別聽她的。我無意指責閨蜜的陰暗內心，我想她本意也並非如此。但她內心的失衡作祟，很難給出適合女孩的建議。

所謂的保守、穩妥、不費力的選擇，也不失為一種人生，但並未必是最適合女孩的路。二十八歲，尚好的青春，就算經過社會的打磨和感情的起落，依然想主動追求想要的事業和心儀的人，有什麼理由不去試一試呢？即便沒有得到愛人，即便失去更好的工作機會，但每一種經歷都是一種學習。

什麼都不費力的人生，真的是順從你內心的選擇嗎？

我們內心的天平搖擺不定，往往在沒聽清楚內心的聲音時，就急著把問題拋給身邊的人，而偏偏有那樣的人，他們是你的好友、閨蜜、好哥們兒，但唯獨不是一個好的建議者。

他們因為自己人生的局限和內心的失衡，也想拖著你一起放棄更好的人生。沒錯，我們多少都被這社會碾壓過，內心企盼位高權重者高處不勝寒，希望有錢人都坐在BMW裡哭，甚至恨不得雙手叉腰等著別人登高跌重。

說到底，一切都是源於沒有得到自己想要的生活，因此內心深處躲藏著蠢蠢欲動的羞恥感，或者叫做自卑。**這種羞恥感對周遭的風吹草動都非常敏感，一旦有一個觸發點可能把這種自卑啟動，便全力以赴拒絕把自身的缺陷放大，凸顯在人前。**

也許是無意識的，妳的閨蜜朋友會願意把妳和她的情況等量齊觀。

當她認為略遜於自己的人就要開始過上更好的人生時，這種即將出現的差距，會讓她的內心隱隱作痛。

這樣的人可能跟你一樣深夜失眠，輾轉反側，渴望著擁有更好的事業，更好的伴侶，然而因為先天缺陷或後天挫敗，導致求而不得，由此產生無助和空虛感。讓他們能安心繼續生活的，不是本身是否還有可能過上想要的生活，而是有跟他們「一樣」的人，也被這種失落、不如意包裹。因為他們內心深信不疑——你我並無差別。這種「一致」減少了社會比較所帶來的焦慮，讓他們可以獲得暫時的平靜和安穩。

她的內心獨白可能是這樣：「我們是同一層次的人，妳怎麼可能過得更好？」這種想法就是嫉妒，包裹在勸慰或建議的外衣下，則是一顆可能把妳人生轟炸成廢墟的炮彈。

每個人都有追求進步的空間，每個人都有過上更好生活的可能，別被他人抹殺了自己的可能性。

我的生活中也有這樣的例子。當生活狀態的差距拉大時，那些曾與你交好的人，因為內心的自卑躲閃你、疏遠你們的關係，直到形同陌路。最可悲的感覺莫過於如此，別人得到了你想要的東西，而這個別人恰好就是你身邊曾經最不名一文的朋友。

我並非偽善地要把自己與其他人劃清界限，我坦然承認，自己也有這樣的人性弱點和自卑感。要如何解決嫉妒的心理呢？**有一種積極且有建設性的方法，就是把注意力轉移到自己身上，揣測自己的內心自卑是源於哪種創傷，藉由與自己建立聯繫，學會全方面誠實地看待自己。**

從精神分析的角度來看，我們嫉妒的那個對象，或者說假想敵，其實是我們自己的一部分，是我們內心被分裂或壓抑的部分，那部分代表成功、可能過上更好生活的自我。也就是說，**在內心深處我們曾認同自己是成功的，但因為種種現實或心理因素，逐漸改變自我認知，把自己歸類成「不太可能活得更好」的那一類人。**

我們不能接納的是那個不夠好的自己，才逐漸壓抑對自己的厭惡，並投射給身邊的人，所以，歸根到底要回到自己身上，把可能成功的自我變得更加強大。

關於自卑，心理學家阿德勒（Alfred Adler）曾寫過一本書叫做《自卑與超越》（What Life Could Mean to You），其中談到了非常著名的理論——補償作用。他認為由身體缺陷或其它原因所引起的自卑，能摧毀一個人，使人自甘墮落或引發精神病；另一方面，它也能使人發憤圖強，力求振作，以補償自己的弱點。

古代希臘的戴蒙斯提尼（Demosthenes）原先患有口吃，經過數年苦練竟成為為著名演說家；美國總統羅斯福（Theodore Roosevelt Jr）患有小兒痲痺症，其奮鬥事蹟更是家喻戶曉；尼采（Friedrich Nietzsche）身體羸弱，可是他卻棄劍就筆，寫下不朽的權力哲學。

簡而言之，自卑不是阻礙前進的痲煩，而可能是鞭策人的動力。在處理好內心的自卑和羞恥感之前，在求取人生真義的路上，請先練就火眼金睛，看清誰是一身白骨用自卑耗損你的法力，誰是菩薩心腸用霹靂手段磨煉你的意志。

就算現實將你打趴，至少還能蹲下來看世界

最近收到兩名讀者的留言，讓我很想問一句：什麼是你堅持生活下去的動力？小新是一直關注我的一位朋友，他說「活下去」三個字，就是他活下去的動力。初中時的一次意外，奪走了他的半條腿，當時正值青春期的他有過輕生念頭，十年後的現在他就要大學畢業了，他不會再想著去死，只想活下去，哪怕只是活著，實現不了夢想而活著。

他出生在一個小鎮上，跟所有當地青年一樣，能獲取的教育資源有限，他喜歡讀國家地理雜誌，曾夢想著走出這個小鎮，去世界上每一個小鎮看一看。也因為這個夢想，他愛跑步，說要強健身體，因為那是他闖世界的本錢。

在那場意外到來之前，他並不是多麼上進努力，因為他知道即便不靠讀書，也可以有別的通往世界的路。但是意外之後，他知道唯有讀書，用知識和學歷才有那麼一點可能敲開外面世界的大門。他的義肢畢竟比不上健全人有力的雙腿，行走和跑步都要付出巨大意志努力。

然而，現實比他想的還殘酷。一個殘疾學生想考進大學也不是容易的事。儘管他的成績能去到更好的學府，但最終只能妥協，選擇一所可以接受他的名不見經傳的學校。

外面的世界比他生活的小鎮大不知道多少倍，他需要付出比一般人更多的時間去上課、去餐廳、去浴室……，這個時候他才知道，終於看到外面世界的一角了，但沒有疾步如飛的腳步，他依然只能定格於世界的一隅。十年前用雙腿丈量世界的那個夢想，真的像天方夜譚，今後連找到一份工作都難，更何況是去看世界。

他說他再也不做夢了，能活著就可以。每次閉上眼想起那場意外，他都能聞到死神來過的氣息，也許就差那麼一點點，他連呼吸的權利都要被剝奪掉。

留言的最後，他問我，我真的改變不了殘疾的事實了，我能接受。那麼，然後呢？我是不是就這樣過一輩子？活著就只是為了生活。

看完他的留言，我第一次如此強烈地感受到我的雙腿的存在。曾經，我理所應當地把它當作我應有的一部分，把它當成了組成正常生活的一個，隨時可以忽略不計的部分。但是，今天我頭一次想到，在我的讀者裡頭，每個人或多或少都有一些心理上的缺失，還有人正承受著身體缺失的折磨。

有的人正以我們想不到的方式在抵抗著生活的侵蝕，原來一切擁有都不是那麼理所應當。

另一位給我留言的朋友叫娜娜，從小跟母親相依為命，家庭經濟條件不好，母親靠做簡單的手工供她讀書。高中時同學們喜歡成群結隊去咖啡館或速食店寫作業，但是她沒有錢，也不忍心花母親的血汗錢去泡咖啡館，有時候跟同學一起進去，坐一會兒就走了。

她說曾支撐自己努力生活的動力，就是咖啡館的咖啡香，那是她聞到的最沁人心脾的味道。她夢想著畢業後開一間小小的咖啡館，給那些跟她一樣只能沉醉在咖啡香卻囊中羞澀的人們一個落腳地。

她知道剛畢業絕對沒有實力去經營一家咖啡館，她要還助學貸款，還想減輕母親的負擔。聽說空姐待遇好，沒想到竟然真的考上了。她不是因找到一份別人羨慕的工作而興奮，而是因離自己的小小夢想更近一步而雀躍。

她原本計畫三十歲之前攢夠錢，然後辭職開一家咖啡館。沒有想到，前年母親患上了癌症，她傾盡所有積蓄為母親看病，終於使母親的病情穩定下來。高興之餘，她想到了夢想，現在支付母親的日常醫藥費用已經捉襟見肘，夢想暫時只是個隨時會破的泡泡。

現在，每次出勤腫脹著雙腳給乘客倒咖啡時，她都會感到絕望，她聞了太多咖啡的味道，卻沒有一杯是能微笑喝下去的。

如今，能讓母親身體狀況維持下去，就是她堅持的動力。她像是問我也像是感嘆地說，不就是個開咖啡館的微小夢想嗎，為什麼這麼難實現？

收到留言幾天了，我都沒有回覆，但他們兩個的故事總會浮現在心頭。我承認，有些人的人生就是有我們想不到的艱澀，有時很多事我們真的無能為力，就是改變不了。

可是當他們就出現在我的讀者朋友裡時，我想我不能再輕描淡寫地說，不能再避重就輕地談。

因為，有些人，有時候，就是他們的真實人生。

不要說身體殘缺和至親罹癌這樣近乎於大過天的磨難，小到我們已經走上了一條不能回頭，但卻沒有希望的職業道路，或選擇一個無法分開但並無感情的伴侶，我們怕是都真的會被現實掣肘，無力回天。

我在問自己，也在替他們問，替所有可能陷入無法改變的生活中的人問：如果生活目前就只能如此，你就是暫時甚至永遠實現不了那個最初的夢想，如果你根本過不了自己想要的那種生活，那麼，我們還能怎麼辦？

李開復（創新工場創辦人）說過，改變那些能改變的，接受那些不能改變的。

接受是我們繞不開的第一步，縱然不是欣然接受，但即便是逆來順受，我們也能按照生活的安排繼續活著。

然而，接受現狀並不是放棄夢想，放棄生活，放棄一切可能。小新要接受的是身體殘缺的事實、更困苦的生活，原來的夢想難以實現；娜娜要接受的是繼續現在的工作，照顧病弱的母親，暫時擱置她的咖啡館計畫。但這些並不是他們應該和需要接受的全部。

生活總是還有其他。我說的不是詩和遠方，而是其他的可能性，其他的世界。其他的世界就存在於你心中，如果你願意，就可以將它延伸至生活當中。

我知道小新的夢想就是去看世界，如今不能實現的不是看世界，而是不能用原來的方式看世界。但是他的心中依然可以留有這樣一片天地，那裡有他嚮往的熱帶島嶼、非洲叢林、北極圈極光。

失去了親眼所見的可能，他依然可以觸碰生活以外的生活，哪怕他不想只停留在透過別人的眼睛看世界，仍可以親自去旅行，即便不比從前期待的那樣容易，甚至是一種我們想像不到的艱難。我在越南的時候就遇過一對夫婦，那男人只有一隻胳膊，但另一隻胳膊擁著他心愛的妻子，笑得燦爛。

村上春樹的小說《聽風的歌》（風の歌を聴け）裡有這樣一段描寫：有時想到要是長此以往，心裡就怕得不行，真想大聲喊叫。就這樣像塊石頭一樣終生躺在床上眼望天花板，不看書，不能在風中行走，也得不到任何人的愛。幾十年後在此衰老，並且悄悄死去……。

我想這才是真正無法接受的狀況，不但身體有殘缺，還擴散至心靈、生活上。因為你擱淺的不止是雙腿，還有你的精神世界。

娜娜的夢想也暫時無法實現，但沒有人會阻擋她放在心中孵化。咖啡館也許只是一個夢想的物化符號，只是一個代表，她想要的不只是咖啡館，不只是咖啡香，而是一種美好生活的外部表徵。咖啡館裡有溫馨的感覺、文藝的氛圍、美好的生活片段，這些才是她想追求的夢想本質。

就算不是透過開咖啡館來實現，依然可以在心底為它們找到存在的空間。閱讀、旅行、發展愛好，都是通達美好生活的路徑，哪怕只是駐足在一朵花面前，都能擁有美好的體驗，這一切的前提就是，擁有足夠美好和開放的心靈。

外面的世界雪虐風寒，也阻擋不了內心春意盎然。**能決定內心的圓滿和美好，就是你自己。所以我們唯一能做的，除了那說了千萬次的接受以外，就是去開拓專屬於你的精神世界。**

畢竟事事稱心只是一種良好祝願，美到不切實際，現實生活中我們都抵達不了那樣的圓滿。但抱不圓還可以守殘，守不及殘者，亦能隨遇而安，亦能在別處尋求生命之美，也是一種夢想成真。

要出門就拖拖拉拉、提不起勁，該怎麼辦？

你是不是出門困難症患者？

你是不是也有過這樣的體驗？

週末跟朋友約好見面，也規畫好幾點出門，但出門前卻總覺得沒準備好，一而再，再而三地拖延時間，最後只好以塞車作為遲到藉口。

或者，即便你按照規畫好的時間進行每件事，但仍然比預期時間延長了不少，這讓你心情不悅，想到一會兒要出門就煩躁不安，後悔答應要聚會。

如果你頻繁出現以上情況，那你大概就是出門困難症患者。扣上一個病症的帽子雖然有點誇張，不過如果這樣的體驗經常困擾你，長期發展下去也可能成為影響生活的隱形殺手。

不巧的是，我也恰恰是患者之一。今天現身說法聊聊我的一些理解和建議。依我拙見，出門困難症患者可以分為四種情況：

一、**就愛宅在家**

宅文化從日本流傳開來，已然聚攏了一大批簇擁者，形成一類御宅族群體。他們愛看漫畫、愛打遊戲，沉醉在二次元的世界當中。漸漸地，也有很多不是動漫、遊戲愛好者的年輕人也加入了這種如有魔力般的組織。

無論在家做什麼，聽音樂也好，看電影也罷，哪怕只是發呆，他們也寧願關起門來享受出世生活，不願出門感受萬丈紅塵。生活愈發便利發達，餓了可以叫外賣，電影可以上網看，動動手指就能買東西，還有什麼是宅在家裡辦不到呢？

也只有社交了吧。可是大家又非常熱衷於透過各種聊天軟體交流，互相評論和點讚也是社交，即便見面吃飯，也免不了抱著手機滑不停。

長此以往，**習慣了不出門就看似可以解決一切問題的方式，讓我們都變得愈來愈難以適應走出去的生活，這樣的循環恰恰打造了出門困難症的病患。**

這類群體常見的心理特徵是：

1.合理化宅行為：在家可以解決很多問題，何必要出門？還是宅在家裡最方便、省事、少麻煩。

2.回避社交：在家也隨時可以跟朋友聊天，見面並沒有什麼特別的好處，乾脆關起門來生活，拒絕真實的社交接觸。

3.生活方式固化、排他：在家可以看書、健身、看電影、做一切愛做的事，把這些事固化為自己的興趣和生活方式，否認外出活動的價值、吸引力，拒絕接受其他新鮮事物的可能。

二、凡事都能拖

還有一類朋友，算不上宅，也不抗拒出門活動或社交，但因為生活上的大小事都拖拖拉拉，導致所有準備行為都一再推遲。

拖延症患者最典型的心理狀態就是：「就算晚十分鐘出門，應該來得及吧。」或者「遲到一下下應該還好，反正別人也會遲到。」來作為不立刻行動的理由。

三、潛意識作祟

此類型的患者，乍看跟拖延症患者的表現非常相似，都以拖延時間或難以開始行動為主要特徵。

但造成這類人的磨磨蹭蹭，更多的是心理因素，也就是潛意識在阻礙著行為。精神分析學派提出的一個非常重要的概念，認為潛意識是我們在意識層面無法察覺，卻會影響很多行為和認知的終極要素。出門困難症很可能是你在潛意識裡並不渴望這次的出行，甚至會產生負面的抵觸心理。

譬如，出門的目的可能是一次相親約會，認知層面上你知道很重要，可能關乎未來的人生幸福，但內心深處你可能非常抗拒相親的形式，也可能對跟陌生人碰面感到緊張，同時還伴有沒自信。

這樣的潛意識，會在不經意間左右著你。

四、不切實際的計畫

他們沒有頑固的拖延症，更不喜歡宅在家，外面的世界對他們來說非常有吸引力。但仍然會在出門前手忙腳亂──心思慌張、妝沒化好、衣服沒挑好、電腦還沒關……，總之，一切事情都會阻擋出門的腳步。他們並不是沒有在做事，只是出門前才發現預計的時間總是不夠用。

一切的行為特徵都非常像莫非定律中的關鍵結論：所有的事都會比你預計的時

間長。計畫往往趕不上變化，但若是你仔細推敲自己的行動計畫，又會發現似乎不得章法，有不合理的安排，不過是打著計畫的幌子恣意任性的行動。

阻礙這類人出門的原因是行動層面的問題。

接下來，我們看看到底該如何去改善這些問題。

1. 重構認知層面：建立出門的意義

出門還是不出門？不妨重新解讀一下這件事對你的意義，可以從外出與否的優劣勢來對比分析，綜合判斷這件事對你是利大還是弊大。

將這一切清晰地呈現在紙上，自然會有答案。如果發現不出門為宜，就直接拒絕邀請，省去所有煩惱；如果發現出門的好處大於壞處，從認知層面意識到出門的優勢，也會一定程度減少行動上的拖延和阻礙。

2. 從行動層面改善：確定合理的計畫

既然決定要出門，如果你是習慣在出門前要做好萬全準備的人，行動計畫是不可或缺的。

多數人習慣在出門前一段時間內集中處理要準備的事，最後卻往往被莫非定律一語成讖，發現時間都是不夠用。不妨把能提前做的事在第一時間就做好，不要在最後關頭忙得團團轉，反而容易出錯。

任何一個可以完美執行的行動計畫，都少不了緩衝時間和B計畫，如果你為每一項行動都設定嚴苛的時間，那麼看似完美精準的計畫其實可操作性都不高。所以，建議每項時間都比原計畫預留十五分鐘的彈性，做起事來心理壓力更小，行動反而更從容。

另外就是盡可能提早準備。比如週六早上要出門郊遊，不要指望在第二天早上睡眼惺忪、意識還不清醒的時候打包好各項細碎物品。第二天要準備的東西，也提前列出清單、做記號，出發前一一核對即可。

3. 調節好情緒：積極的情緒聯想

我想總會有一些選擇，叫做「不得不」，出門的理由也一樣。面對這樣的情況，可能認知上說服了自己，行動上也做好了準備，但心情還是會不佳，消極抵抗的情緒會強化出門困難症，反倒更難以根治。所以，出門前的心情也非常重要。

我自己試過的比較有用的方法，就是積極的情緒聯想。試著把出門與一些會產生積極情緒的事物聯結在一起，比如聚會可以吃到美味的食物，可以看到外面的風景，可以看到街上的美女帥哥等等。經過多次聯結後，我們的大腦會自然而然建立特定的認知與情緒聯結。

關於出門困難症，就寫到這裡，我要跟你們一起治病了，寫此文時已未出門四十四個小時，現在立馬決定出門，摘下耳機，看看人間煙火。

不必事事完美，請容許自己犯錯

春天值得躁動，經過冬眠後，各種情緒和想法都在四月噴薄而出，收都收不住。結果就是心思活絡，頭腦混沌，在這個春天我犯了很多錯。

是的，我對自己不滿，一直以來我對自己要求的底線就是不犯錯，然而這層出不窮的失誤為我製造了一個又一個麻煩，我在自己製造的各種混亂中理不順生活。

數不清的小失誤接連出現，每天的感覺是走一步錯一步，雖然沒有造成任何徹底失敗，但這感覺讓我找不到什麼是對的。老天聽不見，我便對自己一遍遍譴責：

「喂，妳怎麼這麼蠢？」

恰逢身邊的朋友也來找我傾訴，這麼多年兢兢業業工作，只因為一個小凸槌，主管便不再信任，陷入不知是去是留的困境；感情方面一直克己復禮，從未越界，今日卻愛上已婚男，感覺人生就要陷入不可挽回的錯誤深淵，爬不上來。

我深知那種感覺，一個個錯誤就快把自我揉碎，就要拼不起來這些年努力編織的完整的自我形象。在一次次觸碰自我要求的底線後，犯錯後的我們迫不及待地想

要反彈。也會像個哲學家一樣思考，為什麼會犯錯？怎樣才能不犯錯？

一切只因這個世界還沒有包羅萬象到形成健全的容錯規則：考試時答錯了一道題就可能落榜；求職時一個不得體的回答就會被否定；旅行時走錯路可能就南轅北轍，多殘酷。

於是**大部分人這一生都在小心謹慎，努力做到在緊要關頭選對路、看準人、站好隊，躲過一切可能的錯誤帶來的傷害。因為有太多的人告訴我們，有些事不能重來，機會不會一直等你，世界不允許你失敗。**

也是因為秉持著這種「不犯錯」的信條，我們從未給自己在心裡保留一個容納錯誤的位置，漸漸地，只能接納永遠保持正確的自己。

所以，真正恣意妄為的又有幾個？人們都在盡可能敏銳地察覺，一丁點兒可能帶來錯誤的風吹草動，一經發現必須扼止，我也同樣如此。

天氣陰沉一定要帶傘；出門前必須確認鑰匙錢包手機帶好；發送郵件前要反覆讀三遍；使用任何電器都嚴格按照說明書；到陌生的地方要開導航；跟人談話會打草稿；有曖昧意向的異性絕不交往；甚至不穿顏色鮮豔的衣服，因為太容易搭配出錯。我們把自己捆綁在一個必須永遠正確的人生軌道上，建立了一套保守、不出格的規章制度。

一旦犯錯，就覺得天理難容，而打破自己的規則，幾乎可以等同世界末日。我們就這樣在糾結、內疚、被別人指責和被世界嘲弄的過程中，忘記了一些事實。

走錯路可以遇到意想不到的風景；工作失誤可以接受更深刻的經驗教訓；愛錯了人可以更清楚自己。在我們對一件事還不那麼清楚、了解的時候，我們跟心理學家苛勒（Wolfgang Köhler）試驗中那隻猩猩，也許並沒有本質上的區別，都是在「嘗試─錯誤─嘗試」中摸索自己的生存辦法罷了。

更何況，並非所有錯誤都不能挽回，並非做對了事就一定滿足快樂。人生總要向前進，誰不是在自己的錯誤中激流勇進、在挫折中逐漸成長？那些給自己建立的規矩和要求是否真有對錯之分？

作為一個男人、一個女人、一個妻子、一個孩子、一個老師……，只要一直按照既定的軌跡和別人不切實際的期待永不犯錯，就可以給人生一個圓滿的交代嗎？

有人說過，世界上最暴力的語言就是：你要像個男人、像個女人、像個媽媽、像個學生……，這些話往往最傷人。人生在世，大家都是頭一遭，都會生疏，所以犯點錯誤又如何？

如果犯錯後依然有改正的能力，有原諒的胸懷，有自信繼續踏實生活下去，那麼這些錯誤都是值得的。我會繼續在錯了改、改了錯的千錘百鍊中守住這份原則，希望你也是。

也許星座說的都是對的

我有一個學妹超會精打細算過日子，她是金牛座；我有一個同學做事總是井井有條，不放過任何細節，他是處女座；我總是多愁善感、愛哭，洞察力敏銳，我是雙魚座。

靠著這些拼湊起來的細節，以及星座指南的說明，我們逐漸認識身邊的十二星座以及自己，並且常常以此為識人、交往的基本依據。

有錯嗎？並沒有。人類這麼複雜的個體，認識起來不知道要殺死多少腦細胞，但透過一些既定特徵作為簡單的初步篩選，那麼事情便簡單多了，這個過程也會變得有趣起來。

天蠍座神祕莫測，所以他的若即若離、不動聲色就是個性體現；白羊座衝動直接，所以他的直言不諱、肆意妄為就是真性情；聽說射手座花心愛玩、喜歡獨行，是不是也為他之所以成為渣男提供了很好的證據？

我們總要「信」點什麼，才能讓我們的判斷更加合理。

就像早年我一直覺得自己是個視友情重於愛情、但做事無厘頭、像風一樣的少女，當時的我以為是用農曆來確定星座，所以把自己歸類到水瓶座，因此那種總是要衝破規則、我行我素的氣質就有了完美的解釋—因為我是水瓶座啊。

可是當我知道按照正確的算法我應該是雙魚座時，內心幾乎要崩潰。我為什麼會成為那種林妹妹類型的人呢？真是討厭死了。但是當我發現雙魚座也有很優秀的一面，比如細緻體貼、有藝術天分等，便也悄然原諒了自己身為雙魚女的事實。

這就是心理學中所說的「巴納姆效應」（Barnum effect），每個人都會很容易相信一個籠統的、一般性的人格描述。即使這種描述十分空洞，他仍然認為反映了自己的人格面貌，哪怕自己根本不是這種人。我們不僅會去相信一切都是真的，同時也難逃窠臼，會把描述星座的說法套用在自己身上。

可以說這是一種投射，把星座描述的種種行為，當作自己行為的標準或範本，並不斷在潛意識層面暗示自己，要順應該星座描述的行為。所以當你知道自己是××星座的時候，可能你會變得愈來愈像那個星座。

當然，也有很多不認同以星座論英雄的人，並大肆宣揚科學主義，告訴你星座無用、別誤用。這種態度除了在聊起星座這種話題時會讓場面十分尷尬外，我想也沒有特別多的意義。

即便你掙脫了星座帶來的可能偏見，但你可能還是會以地域、民族、年齡、外貌等刻板印象去看待別人。畢竟，人總是願意去相信他想相信的事。

比如我愛上一個獅子男，我們正如膠似漆、情意綿綿時，我非常認同星座書上所說的獅子男魅力以及翩翩風度；而當我們終因種種原因無法再繼續下去時，我又看到星座配對說雙魚跟獅子的和諧指數只有一顆星，我才想起，星座解析上也有說獅子座自負、驕傲又很強勢啊。

一切只是因為，愛的時候你只看到他的好，不愛的時候，你只關注他不合口味的另一面。所以我說，無傷大雅地聊聊星座解解悶沒什麼不好，但不要太認真。

相信星座也不是把它當成人生信仰般去遵循，只是可以當作參考、借鑒和進一步思考。更何況，相信星座也並非沒有積極意義，感覺人生灰暗的時候不妨翻翻星座運勢，當知道下週開始的曲線會走高時，心情也會好起來；如果遇到水逆等說法，也能心裡坦然地說：嗯，畢竟水逆也是會過去的。

當我知道我的上升星座是天蠍座之後，我便更加努力認真對待一切事情，因為聽說天蠍座是一個成就動機很強，很容易成功的星座呢。

瞧，這就是星座帶給我的好處，利用它的暗示去指引我做正在奮鬥的事。但如果你已經強大到不需要這些並沒有嚴謹科學依據的暗示，而是可以跟著自己的內心力量去行動，那真的是再好不過了。

可是，相信自己和相信星座，在本質上又有什麼差別呢？不過都是相信你想相信的事，相信你想堅持的事罷了。

國家圖書館出版品預行編目（CIP）資料

對於自己，你還是個陌生人 / 大將軍郭著 . -- 初版 . -- 新北市：好的文化，2018.07
面；　公分
ISBN 978-986-5626-76-1（平裝）

1. 心理學 2. 通俗作品

170　　　　107009082

對於自己，你還是個陌生人

作　　者／大將軍郭
封面設計／陳姿妤

社　　長／陳純純
總 編 輯／鄭　潔
主　　編／林宥彤
版權暨編輯行政／黃偉宗

整合行銷總監／孫祥芸
整合行銷經理／陳彥吟
北區業務負責人／陳卿瑋（mail：fp745a@elitebook.tw）
中區業務負責人／蔡世添（mail：tien5213@gmail.com）
南區業務負責人／林碧惠（mail：s7334822@gmail.com）

出版發行／出色文化出版事業群・好的文化
電話／ 02-8914-6405
傳真／ 02-2910-7127
劃撥／ 50197591
劃撥戶名／好優文化出版有限公司
電子郵件信箱／ good@elitebook.tw
出色文化臉書／ www.facebook.com/goodpublish
地址／台灣新北市新店區寶興路 45 巷 6 弄 5 號 6 樓

法律顧問／六合法律事務所　李佩昌律師
印　　製／皇甫彩藝印刷股份有限公司

書　　號／幸福人生 020
I S B N／ 978-986-5626-76-1
初　　版／ 2018 年 7 月
定　　價／新台幣 320 元

廣　告　回　信
板橋郵局登記證
板橋廣字第891號

免　貼　郵　票

23145

新北市新店區寶興路45巷6弄5號6樓

好優文化出版有限公司

讀者服務部　收

請沿線對折寄回，謝謝。

好的文化 Great Publish

請以膠帶封口

好good的 Publish

讀者基本資料

對於自己，你還是個陌生人

姓名：________________ □女 □男 年齡________________

地址：____

電話：O:____________ H:____________ 手機:________________

E-MAIL：____

學歷 □國中(含以下) □高中職 □大專 □研究所以上

職業 □生產/製造 □金融/商業 □傳播/廣告 □軍警/公務員 □教育/文化
□旅遊/運輸 □醫療/保健 □仲介/服務 □學生 □自由/家管 □其他

◆ 您從何處知道此書？

□書店 □書訊 □書評 □報紙 □廣播 □電視 □網路 □廣告DM
□親友介紹 □其他

◆ 您以何種方式購買本書？

□實體書店，________________書店 □網路書店，________________書店
□其他 ______________

◆ 您的閱讀習慣(可複選)

□商業 □兩性 □親子 □文學 □心靈養生 □社會科學 □自然科學
□語言學習 □歷史 □傳記 □宗教哲學 □百科 □藝術 □休閒生活
□電腦資訊 □偶像藝人 □小說 □其他

◆ 您購買本書的原因(可複選)

□內容吸引人 □主題特別 □促銷活動 □作者名氣 □親友介紹
□書名 □封面設計 □整體包裝 □贈品
□網路介紹，網站名稱______________________ □其他________________

◆ 您對本書的評價(1.非常滿意 2.滿意 3.尚可 4.待改進)

書名_____ 封面設計_____ 版面編排_____ 印刷_____ 內容_____
整體評價_____

◆ 給予我們的建議：______________________________________

※凡填妥讀者基本資料並郵寄或回傳真出版社，就可收到出版社定期提供之新書書訊(by e-mail)
請投遞郵筒寄回或傳真至：02-2910-7127，謝謝您的支持！

好
good
的
Publish

好
good
的
Publish